황금말투

말투가
황금빛 인생을
만들어준다

황금
말투

오수향 지음

미래의
창

황금빛 인생을 꿈꾸는 당신에게 필요한 것은 '로또'가 아니라, '말'의 기술이다

당신의 인생은 어떤 색깔인가요? 잿빛 인생 속에서 약해진 멘탈을 부여잡고 있나요? 바쁜 생활 속에서 인간관계는 끊어지기 쉽고, 시간과 마음의 여유도 없는 시대입니다. 통장 잔고는 비어가지만 스트레스는 쌓여가고, 빚에 허덕이는 일상 속에서 때로 삶을 포기하고 싶을 때가 누구에게나 있습니다.

이렇게 터덜터덜 무너지기만 하는 것 같을 때, 당신의 삶을 바꾸는 첫 단추가 바로 말 한마디입니다. 정곡을 찌르는 말 한마디로 우리는 면접에서 합격할 수 있고, 단골 고객을 만들 수도 있으며, 평생의 짝을 만날 수도 있습니다. 그렇지만 "말이 조금 서툴더라도 상대가 내 마음을 잘 헤아려주겠지", "상대방이 상처받았으려나? 그래도 내 본심은 그게 아니니 이해해주겠지", "습관대로 말해도 살아가는 데 큰 지장이 없겠지"라고 생각하는 분들이 적지 않습니다.

황금빛 인생을 꿈꾸는 당신에게 필요한 것은 '로또'가 아니라, '말'의 기술입니다. 마치 돈으로 삶의 방향이 움직이는 것 같아 보여도, 우리네 삶은 말로 흥하기도 망하기도 한다는 사실을 잊지 마세요.

"말 한마디에 천냥빚을 갚는다"라는 속담이 있습니다. 목소리에서부터 표정, 말의 매너, 말투, 표현력을 어떻게 쓰느냐에 따라 삶이 달라진다는 것을 잘 보여주는 말이죠.

지난 5월, 예능 방송인 브랜드평판에서 1위를 차지한 이상민을 예로 들 수 있습니다. 사업이 연이어 실패하면서 69억 상당의 부채를 떠안아 벼랑 끝에 서있던 그가 SBS 예능 프로그램 〈미운 우리 새끼〉에서 보여준 모습은 매우 인상적입니다. 채권자와 식사하는 자리에서 그는 이상민에게 "너를 믿었기에 끝까지 기다려줄 수 있었다"며 덕담을 주고 받습니다. 누가 상상이나 할 수 있었을까요? 이 장면을 보면서 말로 채권자와 채무자 사이에도 좋은 관계를 맺을 수 있구나 싶어 놀랍기만 했습니다. 프로그램의 곽승영 담당 PD 역시 한 인터뷰에서 "어느날 상민씨가 채권자를 만나러 가는데 찍겠냐고 하더라고요. 우리가 깜짝 놀라 찍어도 되냐고 반문했죠. 그 채권자 분도 상민씨한테 도움이 되는 거라면 하겠다고 하신 거예요.

그런 모습들을 보면서 이상민이라는 사람에 대한 생각이 또 한번 바뀌었어요. 이런 사람이니까 지금껏 쓰러지지 않고 버티는구나 감탄했습니다.”라고 밝히기도 했습니다.

KBS 연예 정보 프로그램인 〈연예가중계〉에서 20년 동안 리포터로 활동해온 김생민 역시 최근 말의 힘 덕분에 전성기를 맞았습니다. 그는 정곡을 찌르는 말 한마디, 다양한 비유의 활용, 귀에 박히는 또렷한 목소리로 “스튜핏stupid”과 “그레잇great” 사이에서 사람들의 소비 습관을 체크해줍니다. 이처럼 설득력 있으면서도 전달력이 뛰어난 말투는 폭발적인 인기를 끌어들입니다.

저는 오랫동안 다양한 성향의 사람들과 대화법 상담을 해본 결과, 미숙한 대화법 때문에 삶이 삐거덕거린다는 걸 확인했습니다. 인간관계에서 상처주지 않고 제대로 대화하는 방법조차 깊게 고민하지 않아서 생기는 갈등은 삶을 불행하게 만듭니다. 그때마다 생각했습니다. 우리가 외국어를 능숙하게 하기 위해서 많은 시간과 공을 들여 공부하듯 모국어로 대화하는 것 역시 공부와 연습이 필요하다는 것을 말이죠. 관계에서 갈등을 겪고 사람 사이에서 상처받고 오해를 사서 일을 그르쳐본 적 있는 우리 모두는 말로 다시 삶을 바꿔나갈 수 있습니다.

이 책은 인생의 무게에 짓눌려 괴로워하는 당신에게 꽉 막힌 관계를 풀 핵심 도구인 '말'을 다루는 법을 다루며, 더 나아가 사람을 읽고 삶의 무게를 덜어낼 수 있도록 돕고자 합니다. 상대방이 상처받을까봐, 혹은 내가 상처받을까봐 두려워 말하기조차 두려워하던 긴장을 극복하는 것에서부터 시작해봅시다. 더 생생하고, 분명하고, 정확하게 전달하기 위한 대화법과 비언어적 의사소통 방법도 정리했습니다. 마지막으로 관계를 해치는 말의 습관을 고치는 방법까지 터득한다면 누구나 관계 맺기를 성공적으로 할 수 있을 것입니다.

말은 당신의 운명을 결정합니다. 황금말투로 황금 관계를 맺고 더 나아가면 황금빛 인생이 펼쳐질 수 있음을 믿습니다. 언제쯤 내 인생이 풀릴까 막연하기만 한 당신에게 이 책이 선물처럼 다가오길 바랍니다.

2017년 10월

오수향

차례

PART 3 관계의 문을 여는 말 한마디

Part **1**

정말,
말하기가 두려운
그대에게

―

여러 사람 앞에서 말하는 상황을 두려워하는 것도 자기 보호 본능 때문이다.

따라서 사람들 앞에서 말할 때 떠는 건 너무나 당연한 이치이다.

이 점을 부정하면 할수록 긴장의 늪에 빠지고 만다.

하지만 자연스러운 현상으로 인정하고 긴장의 끈을 조금씩 놓아보자.

누구나 말할 때
떨린다

한 사내가 텔레비전 인터뷰를 앞두고 있었다. 유명 IT 기업인으로 한창 주목받고 있던 그는 히피처럼 긴 머리에 수염을 길렀고 청바지를 입고 있었다. 그는 사람들 앞에서 말하는 게 어색한 듯 어쩔 줄 몰라 했다. 너무 긴장한 나머지 방송을 코앞에 두고 방송 관계자에게 물었다.

"화장실이 어디에 있습니까?"

"설마, 농담 아니시죠? 곧 촬영해야 하는데요."

그는 핏기없는 얼굴로, 토할 것 같아서 화장실에 다녀와야겠다고 말했다. 이 사내는 인터뷰에서 무슨 말을 했는지 기억하지 못할 정도로 몹시 긴장했다. 그랬던 사내는 훗날 떨림증을 극복해 프레젠테이션의 황제라는 별칭을 얻었다.

바로, 스티브 잡스Steve Jobs의 이야기다.

> 그들이 헛되이 죽어가지 않았다는 것을 굳게 다짐합니다. 신의 가호 아래 이 나라는 새로운 자유의 탄생을 보게 될 것이며, 국민의, 국민에 의한, 국민을 위한 정부는 이 지상에서 결코 사라지지 않을 것입니다.
>
> _링컨의 연설 中

미국의 제16대 대통령이자 명연설가로 미국을 사로잡았던 에이브러햄 링컨Abraham Lincoln도 마찬가지다. 정치 초년병 시절 그의 연설은 어색하기 그지없었다. 지나치게 큰 키에 무표정한 얼굴, 과도하게 긴장해서 쉿소리 나는 목소리와 이상한 자세로 연설했었다. 대중 앞에서 연설을 잘 하는 게 정치인의 필수 조건인 만큼, 링컨에겐 반드시 극복해야만 하는 문제였다. 그런 그도 철저한 콘텐츠와 화술을 연습한 끝에 떨림증을 극복하고 청중의 감동을 이끌어내는 명연설가가 되었다.

우울증, 대인공포증을 앓던 전 영국의 총리인 윈스턴 처칠Winston

Churchill은 과도한 긴장 때문에 말더듬증을 심하게 앓고 있었다. 그는 소심함을 극복하기 위해 가장 치열한 전투에 참전하고, 피나는 웅변 연습을 통해 자신 말 한마디와 동작 하나하나에도 신경써가며 약점을 고쳐나갔다. 그 노력의 결과로 훗날 떨림증에서 비롯한 말더듬증을 극복하고, 수많은 사람 앞에서 당당히 자기 주장을 펼치는 명연설가이자 정치가가 되었다.

그 외에도 마릴린 먼로Marilyn Monroe, 브루스 윌리스Bruce Willis, 조지 6세 등 많은 사람이 말더듬증을 극복하고 성공했다. 이처럼 말 잘하기로 유명한 사람들도 처음에는 과도한 긴장으로 어려움을 많이 겪었다.

미국의 어느 조사기관에서 발표한 내용에 따르면, 미국인이 두려워하는 일 1위가 '사람들 앞에서 말하기'라는 통계가 있다. 스피치를 두려워하는 것은 미국이나 한국이나 비슷하다. 누구나 두려워하는 문제이기 때문에 대학생이 발표에서, 취업준비생이 면접에서, 직장인이 발표나 회의에서 식은땀을 흘리며 목소리가 떨리는 스피치를 하기 쉽다.

실전에서 생기는 긴장을 퇴치하는 위해서는 우선 마인드를 잘 다스려야 한다. 이를 위해서는 '긍정의 주문 외우기'가 필요하다. 2016년 브라질 올림픽의 펜싱 남자 에페 개인 결승전에서 박상영 선수가 이 방법의 효과를 잘 보여줬다. 9대 13이라는 큰 점수 차이로 패색이 짙었을 때, 그는 자신에게 주문을 걸었다.

"그래, 나는 할 수 있다. 할 수 있다. 할 수 있다."

그러자 기적이 일어났다. 한 점 한 점 따라붙더니 마침내 15대 14로 역전하여 금메달을 따낸 것이다. 이처럼, 사람들 앞에서 말할 때 극도의 긴장이 엄습해오면 자기만의 긍정적인 주문을 외우자.

"나는 사람들 앞에서 당당하게 말할 수 있다."

"나의 대화법은 나날이 좋아지고 있다."

이런 자기 긍정을 통해서 긴장은 완화된다.

사람이 낯선 상황을 맞닥뜨릴 때 긴장하는 건 자기 보호 본능 때문이다. 원시 시대에 맹수의 공격, 천지지변 등으로 늘 생명의 위협을 느끼던 인류는 '긴장'이라는 보호 본능을 만들어냈다. 이렇게 해서 조금이라도 이상한 상황이 펼쳐지면 저절로 아드레날린을 분비하여, 자기를 보호하도록 진화했다.

여러 사람 앞에서 말하는 상황을 두려워하는 것도 자기 보호 본능 때문이다. 따라서 사람들 앞에서 말할 때 떠는 건 너무나 당연한 이치이다. 이 점을 부정하면 할수록 긴장의 늪에 빠지고 만다. 하지만 자연스러운 현상으로 인정하고 긴장의 끈을 조금씩 놓아보자. 이 책에서 소개할 구체적인 방법들을 시도해본 후 자신만의 기술을 갖게 된다면 발표할 때의 떨림을 극복할 수 있을 것이다.

무대 공포증을
극복하려면

"다음 주에 발표가 있는데 걱정입니다. 저는 사람들 앞에 서는 게 너무 힘들어요. 많은 사람들이 저한테만 집중하는데 실수라도 할까 봐 너무 긴장돼서 벌써부터 진땀이 납니다."

모 회사 신입사원 E는 사람들 앞에 나서는 데 큰 두려움을 가지고 있었다. 말하기는 물론 노래하기, 장기 자랑 등 어느 것 하나 떨지 않고 잘 할 수 없었다. 무대 공포증이 문제였다. 내성적인 성격의 E는 전자회사 연구원으로 연구 개발을 하는 일만큼은 누구보다 자신 있었다. 그런데 팀원들과 임원진 앞에서 진행하는 발표만은 지나치게 힘들어했다. 몇 차례 이런저런 핑계를 대어 발표를 미루어 오다가 지푸라기라도 잡는 심정으로 내게 도움을 요청해왔다.

그는 부끄러운 속내를 드러내기라도 하듯, 이야기하는 내내 얼굴을 붉혔다. 또한 몇 번 나와 시선을 마주치고 나서는 곧장 시선을 바닥이나 천장, 옆 창가로 돌려버렸다. 그의 긴장을 풀어주기 위해, 시간을 두고 자연스럽게 긍정적인 호응과 반응을 보였다. 이윽고 그는 자신의 이야기를 들려주었다. 초등학생이었을 때 그의 아버지는 오랜 시간 실직자로 방구석에서 처박혀 지냈다고 한다. 아버지는 자식들과 대화할 의지도 거의 없었기에 눈을 마주칠 일조차 없었다고 한다. 식사할 때, 잠깐 눈을 마주쳐도 아버지는 금세 회피해버렸다. 어머니도 아버지와 다투는 일이 많았고, 아버지를 대신해 생계를 위해 바쁘게 일하셨다. 그래서 어머니와도 속 깊은 대화는커녕 따뜻한 아이 컨택을 자주 할 시간조차 없었다.

우리가 대인관계를 맺는 첫 시작은 부모님, 즉 양육자를 통해서이다. 그렇기에 어린 시절 양육자와의 관계를 어떻게 맺느냐가 성인이 되어서 맺는 대인관계에도 매우 중요한 영향을 미친다. 많은 심리학자들이 연구를 통해 양육자와 안정적인 애착 관계를 형성한 사람이 성인이 되어서도 대인관계, 리더십, 학업, 사회적 성공에서도 유리하다고 밝혔다. 그러므로 부모가 자녀에게 애정 표현과 긍정적인 피드백, 포옹 등 신체 접촉을 자주 해서 자녀가 사랑받는다는 안정감을 주는 것이 매우 중요하다.

　그런 점에서 E는 어린 시절 안정적인 애착 관계를 형성하지 못했기 때문에, 자존감이 낮아진 상태였다. 그 결과 너무도 자연스레 사람들의 시선을 두려워하게 되었고, 특히 발표하는 자리에 서면 스트레스가 극심했다. 그는 성장기에 겪은 트라우마 때문에 덫에 걸리고 말았다.

　그의 이야기를 듣고 나서 다음과 같이 말했다.

　"무대 공포증 때문에 발표할 때 고충이 많았겠네요. 단순히 소심하고 수줍음 많은 성격 때문이라기보다는 성장기의 트라우마를 극복하지 못해서 무대 공포증이 생긴 듯합니다."

　흔히, 시선 공포증과 무대 공포증을 동일하게 보는데 이를 극복하기 위해서는 자신의 눈을 따뜻하게 바라보며 스스로를 편안하게 바라보는 연습이 필요하다. 자신에 대한 긍정이 자신감을 키워주고, 타인에 대한 경계를 풀어준다. 더불어 사람을 자주 만나며 아이 컨택을 계속 시도해야 한다.

　신입사원 E는 어린 시절의 트라우마에서 벗어나는 것을 시작으로, 여러 사람과 당당히 시선을 마주치는 훈련을 해야 했다. 이런 경우에는 시선을 상대의 미간에 두는 것도 시선 공포증을 극복하는 하나의 방안이다. 이게 익숙해지면 차츰 상대의 눈에 시선을 두는 게 자연스러워진다.

"변화가 필요하기 전에 변하라."

"당신의 운명은 당신이 결정하라. 그렇지 않으면 다른 사람들이
지배한다."

경영의 달인이자 1999년 잡지《포춘FORTUNE》에서 선정한 '20세기
최고의 경연자'인 잭 웰치Jack Welch의 말이다. 그는 이처럼 탁월한 언
변을 바탕으로 한 카리스마 있는 리더십으로 GEGeneral Electric사를
세계 최고의 기업으로 올려놓았다. 그런데 사실 그는 어릴 때 심한
말더듬증으로 고생하였다. 예를 들어 식당에서 참치 샌드위치 한
개를 주문할 때면, 참치라는 뜻의 튜나tuna의 첫 음절을 두 번씩 더
듬어서 말했다고 한다.

"튜- 튜나 주세요."

그러면 종업원은 항상 샌드위치 두 개를 들고 왔다고 한다. 종업
원은 이를 '투 튜나two tuna'로 알아들었기 때문이다. 이랬던 그 역시
말하기 기술을 꾸준히 연습한 결과 세계적인 명 연설가로 거듭날
수 있었다.

많은 사람 앞에서 말을 하는 상황에서 공포증을 극복할 또 다른
좋은 방법은 없을까? 다음의 '무대 공포증 극복 요령 6가지'를 참고
하자.

첫째. 불안감을 당연한 것으로 받아들여라

발표할 때 불안한 건 누구나 마찬가지다. 긴장을 긍정적인 방향으로 전환하자.

둘째. 실수를 지나치게 의식하지 말라

청중은 화자의 사소한 실수를 알아차리지 못한다. 설령 큰 실수를 하더라도 미련을 갖지 말고, 놀란 내색 없이 발표하자.

셋째. 청중을 개인으로 취급하자

아무리 청중이 많더라도 결국 그들은 독립된 개인임을 잊지 말자. 청중 한 명 한 명과 일대일 대화를 한다고 생각하자.

넷째. 잘 하고 있는 자신의 이미지를 떠올려라

자신감 있게 말하는 자신의 이미지를 떠올리면 힘이 샘솟는다. 그 이미지 트레이닝이 어떤 난관이 닥쳐도 잘 이끌어줄 것이다.

다섯째. 복식호흡과 간단한 체조를 하자

복식호흡 요령은 편한 자세에서 코로 천천히 공기를 들이마시며 배꼽까지 밀어 넣고(약 3초), 천천히 공기를 입으로 내뱉어 주면 된다(약 6초). 간단한 체조 역시 긴장을 풀어주고 몸을 훈훈하게 데워주기 때문에 활력을 준다.

여섯째. 자신만의 의식을 만들라

피아니스트 백건우는 무대 공포증을 극복하기 위해 분장실에서 나와

1분간 부동 자세로 서 있다가 무대 위로 올라간다. 이처럼 자기만의 의

식이 긴장을 완화하는 데 큰 도움이 된다.

자존감을 갉아먹는
열등감

〈킹스 스피치〉는 말더듬증을 가졌던 영국의 조지 6세의 실제 이야기를 다룬 영화다. 그는 대중 앞에서 연설할라치면 어김없이 말더듬증 때문에 곤욕을 치렀다. 한 나라를 대표하는 왕이 말을 제대로 못 하니 국민은 얼마나 실망스러웠을까?

그에게 말더듬증이 생긴 원인은 자신보다 뛰어난 형 에드워드 8세에 대한 열등감 때문이었다. 늘 잘난 형과 비교되었기 때문에 자신은 못났다, 뒤떨어졌다는 생각에 빠지고 말았고 이로 인해 말더듬증은 심해졌다. 하지만 그는 언어 치료사인 라이오넬 로그Lionel Logue를 만나면서 변했다. 친구처럼 자신의 이야기를 잘 들어주는 그를 만나면서 자존감을 되찾게 되었고, 다양한 언어 치료 방법을 동원하여 끊임없이 훈련하였다. 특히 영화 후반에 등장하는 2차 세계대전의 시작을 알리는 라디오 연설은 조지 6세의 가장 중요한 연설 중 하나로, 국민에게 전쟁의 시련을 함께 극복해가자는 의지와 위로를 함께 전한 명연설로 남았다. 덕분에 조지 6세는 지금까지도 영국인들에게 감동을 주는 연설가로 기억될 수 있었다.

이렇듯 말을 잘 못하게 되는 원인 가운데 하나가 열등감이다. 열등감은 자신의 이상적인 바람에 도달하지 못하면 부족하다고 느끼면서, 자신을 무능한 존재라고 여기는 감정이다. 열등감 때문에 급격히 자존감이 떨어지면 사람들 앞에서 자신의 생각을 자신 있게 말하는 게 쉽지 않다. 그런데 열등감은 몇몇 사람만 갖고 있는 게 아니다. 열등감은 그 정도의 차이만 있을 뿐 대부분이 가지고 있다. 그렇기에 열등감을 바라보는 태도를 바꾸는 게 중요하다.

윤홍균 정신과 의사에 따르면 열등감은 다음의 3가지 잘못된 생각 때문에 생긴다고 한다.

첫째. 나에게 매우 특별한 것이 있다.

둘째. 그 특별한 것은 나쁜 것이다.

셋째. 그런데 그것이 내 인생에 큰 영향을 미친다.

첫째는 다른 사람으로부터의 고립을 뜻한다. 여러 성향의 사람들과 별 탈 없이 녹아 들어가서 잘 어울려 살아가야 하는데 어떤 사람은 그렇지 못하다. 나는 다른 사람과 다르다는 생각에 타인과 원만한 관계를 맺지 못한 채 혼자만의 세계에 고립된다. 여기까지는 그래도 봐줄 만하다.

둘째에서 문제가 생긴다. 나만의 특별한 것은 나쁠 수도 좋을 수도 있음에도 불구하고 유독 나쁘다는 함정에 빠지는 게 문제다. 이로부터 열등감의 불씨가 자라난다.

셋째에서는 열등감의 불씨가 더 큰 불길로 점화된다. 설령 그 나쁜 게 있더라도 큰 의미를 두지 않으면 상관없다. 그런데 인생을 좌지우지할 정도로 중요하다고 생각하는 게 문제다. 외모, 학력, 성격 등 자신이 콤플렉스라고 느끼는 부분을 인생에서 절대적으로 나쁜 것이라고 생각하는 경우가 있다. 인생이 파탄 날 것처럼 매우 중요한 것으로 여길수록 지독한 열등감의 불길은 활활 타오른다.

그렇다면 열등감에서 빠져나오기 위해서 어떻게 하면 될까? 앞의 세 가지 잘못된 생각을 차례대로 바꾸면 된다.

첫째. 사람은 누구나 다 똑같다.

둘째. 내게 특별한 것은 나쁠 수도 있고 좋을 수도 있다.

셋째. 그 특별한 것이 나쁘더라도 내 인생에 큰 영향을 미치지 않는다.

사람들 앞에서 말을 잘하기 위해서는 먼저 열등감에서 해방되어야 한다. 그러기 위해선 자신의 콤플렉스를 숨기기보다는 자연스러운 것으로 인정해야 한다. 열등감을 극복해서 자존감을 되찾게 되면 어떤 상황, 어떤 사람 앞에서도 주눅 들지 않고 말을 잘 할 수 있게 될 것이다. 개인 심리학의 거장 알프레드 아들러Alfred Adler는 자기 완성의 기본을 결정하는 것으로 열등감을 꼽았으며, 이를 극복해야 심리적 건강을 이루고 개인의 완성에 도달한다며 다음과 같이 말했다.

"인간은 타고난 열등감을 극복하고 우월성을 성취하려는 존재이다."

적절한 스트레스는
약이다

"35년이 지나도 늘 무대에 서면 긴장된다. 여전히 만만하지 않다."

가요 프로그램 〈판타스틱 듀오 2〉에서 트로트의 대부 설운도가 한 말이다. 40여 년 무대 위에서 수많은 팬의 시선을 받으며 노래를 해온 그이기 때문에 이런 반응은 다소 놀랍다. 하지만 많은 사람 앞에 나서는 일을 직업으로 삼은 사람들이 긴장에서 자유롭지 못한 게 사실이다. 가수, 진행자, 연설가, 프레젠터, 강연자 모두가 그렇다.

다만 프로들은 그 스트레스를 적절한 수위로 조절해가면서 자신의 잠재력을 배가시킨다는 점에서 차이가 있다. 나 역시 그렇다. 수많은 수강생을 대상으로 강의할 때나 크고 작은 행사를 진행할 때면 어김없이 스트레스가 압박해온다. 예전에는 심장이 벌렁거릴 정도로 긴장이 심했다. 그러나 무수한 시행착오 끝에 강사로서의 경력이 늘어난 지금은 견디기 힘들 정도의 심한 스트레스는 온데간데 없다. 다만 즐길 수 있을 정도의 짜릿한 스트레스가 늘 따라붙는다. 만약 그것마저 없다면 나는 무대 위에서 내 능력을 최대치로 발휘하지 못했을 것이다. 내가 평범한 강사 수준에 머물지 않을 수 있었던 건 바로 스트레스를 적절하게 관리했기 때문인 셈이다. 그래서 발표 스트레스로 고민하는 사람들에게 이렇게 말한다.

"프로 스포츠 선수들도 경기에 임할 때 스트레스를 받습니다. 문제는 스트레스를 조절하는 능력이죠. 뛰어난 선수는 적절한 스트레스로 잠들어 있는 잠재력을 깨웁니다. 그래서 실전에서 높은 경기력을 발휘하죠. 반면에 실력 있는 선수라도 과도한 스트레스를 조절하지 못하면 실전에서 제 실력을 발휘하지 못합니다."

피겨스케이팅으로 세계 신기록을 연달아 세웠던 김연아도 마찬가지다. 대한민국 5천만 국민이 지켜본다는 부담감을 극복할 수 있었던 데에는 스트레스 대응 능력의 힘이 컸다. 그녀는 누군가와의 경쟁이라는 것을 의식하며 경기하기보다는 매 경기마다 자신과의 싸움을 통해 성장하고자 했다. 경기를 즐기는 자세, 그리고 메달이 정해주는 순위보다 점점 더 발전하는 나를 발견하고자 집중하는 자세는 세계 최고의 선수가 된 이유를 짐작하고도 남게 만든다.

오디션 프로에 나온 많은 가수 지망생들도 그렇다. 실력이 출중함에도 불구하고 과도한 긴장 때문에 온몸이 떨려서 제 실력을 발휘하지 못할 때가 많다. 반면에 적절하게 스트레스를 관리하면서 자신을 각성시켜 능력의 최대치를 발휘하는 사람들도 있다.

모 고등학교 새내기 여성 교사 B는 심한 스트레스 때문에 수업을 진행하는 데 애를 먹었다. 여중·여고·여대를 나온 데다 내성적인 성격이었기에 남학생들 앞에 선다는 게 유난히 긴장되는 일이었다. 사실, 그녀는 평소 크고 작은 심리 사회적 스트레스에 시달려왔었다. 과도한 업무량 스트레스, 외모 스트레스, 실적 스트레스, 대인관계 스트레스, 진로 스트레스, 결혼 스트레스 등에 말이다. 그녀는 일상에서 쌓여가는 스트레스를 잘 관리하는 훈련이 필요했다. 우선 그녀에게 일반적인 스트레스 대처법 10가지를 알려주었다.

1. 두통이나 위장장애가 나타날 때 스트레스로 인한 것인가를 즉시 파악하라.

2. 규칙적으로 땀 흘리며 운동하라.

3. 지나치게 높은 목표를 세우지 말자.

4. 자신의 한계를 정하고 인정하라.

5. 친구를 만나 고민을 털어놓자.

6. 활동적으로 여가를 즐겨라.

7. 쾌적한 환경에서 충분하게 숙면을 취하라.

8. 긍정적으로 생각하라.

9. 남에게 도움을 주어라.

10. 마음껏 웃어라.

이렇게 평소 스트레스에 잘 대처하는 훈련을 반복하면 스트레스에 대한 면역력 또한 강해진다. 결과적으로 수업할 때 생기는 스트레스에 대한 저항력도 더 강해진다. 물론, 이것이 처방의 전부는 아니다. 무엇보다 심한 스트레스 없이 수업하려면 두둑한 뱃심을 기르는 게 중요하다. 뱃심이 생기면 스트레스 저항력이 강해져서 그 누구 앞에서도 힘 있는 목소리로 말할 수 있기 때문이다.

뱃심을 기르는 데에는 복식 호흡이 많은 도움이 된다. 의자에 앉아서 천천히 코로 숨을 들이마셔서 배를 부풀어 오르게 하고 잠시 숨을 참은 후 천천히 숨을 내뱉어주면 된다. 이 훈련을 자주 하면 아랫배가 따뜻해지면서 뱃심이 생기는 걸 느낄 수 있다.

컨디션 관리가
관건이다

"선생님은 언제나 활기차시네요."

강의를 듣는 청중들이 이런 평을 자주 준다. 서울, 인천, 대전, 대구, 부산 어디든지 하루에 서너 강의를 연속으로 하다 보면 체력이 바닥 날 때가 많다. 오전에 반짝하다가도 저녁 식사를 마치면 피로가 몰려온다. 하지만 청중들 앞에서 좋은 컨디션으로 강의하지 않으면 단박에 청중들의 호응도와 집중도가 급격히 떨어진다.

따라서 항상 좋은 컨디션을 유지하도록 노력하고 있다. 충분한 수면을 취하고, 토막 시간을 이용해 스트레칭과 산책을 하며, 강사 대기실에서 복식호흡을 한다. 또 매일 종합 비타민제를 포함한 영양제를 먹고, 수시로 수분을 섭취해 좋은 목 상태를 유지한다. 뿐만 아니라 스트레스를 해소할 수 있는 나만의 취미 생활을 갖는 것도 중요하다. 이런 노력 덕분에 밝은 에너지를 발산하면서 수많은 수강생을 만날 수 있었다.

훌륭한 이력을 자랑하는 새내기 프레젠터 A가 있었다. 명문대 졸업에 교내 방송 아나운서 경력, 게다가 지방 미인대회에서 입상까지 능력이 출중했다. 주변에서는 당연히 A가 프레젠터로서 뛰어난 실력을 발휘할 것으로 예상했다. 그런데 막상 사회로 나와 큰 무대에서 발표를 해보니 소문에 못 미치는 실력이라는 평 때문에 고민이 많았던 그녀에게 내가 조언을 해주었다.

"실력도 있고, 준비도 많이 하시는 것 같은데 실전에서 좋은 실력을 발휘하지 못하시네요."

그녀가 고개를 끄덕였다.

"그래서 고민이 많아요. 큰 무대에 서기 전날에는 긴장하는 탓에 밤잠을 설치면서까지 준비하는데도 실력 발휘가 마음먹은 대로 안 되네요."

"컨디션 조절이 잘 안 되는 것 같네요. 혹시 건강상에 문제가 있나요?"

그러자 그녀는 불면증이 있다고 토로했다. 평소에도 불면증이 있었는데 큰일을 앞두면 증세가 더 심해진다고 했다. 교내 아나운서를 할 때는 큰 무리가 없었지만, 수십 억대가 걸린 수주 입찰 프레젠테이션을 맡기 시작하면서 과도한 긴장으로 불면증이 심해졌다는 것이다. 이로 인해 다음날 컨디션은 엉망이 되고, 평소의 톡톡 튀는 싱그러운 목소리가 나오지 않으면서 발표의 흡인력도 떨어졌다.

그녀에게 필요한 건 실전에서 좋은 컨디션을 유지하도록 건강을 챙기는 것이었다. 기본적으로 낮에 햇볕을 많이 쬐고, 초저녁에 땀을 흘리는 운동을 하는 규칙적인 생활을 통해 숙면을 취하도록 노력해야 했다. 매일 같은 시간에 일어나는 습관을 들이면, 불면증을 해결하는 데 도움이 된다. 물론 약의 힘을 빌리는 것도 하나의 방안이다.

아나운서들은 자신이 맡은 프로그램에서 활기차게 방송하기 위해, 자신의 생활리듬을 철저히 프로그램 시간대에 맞춘다. 만약 9시 저녁 뉴스를 진행한다면 그의 생활 리듬은 보통 사람보다 늦게 시작해서 늦게 끝난다. 그래야만 시청자들이 하루를 마감하는 피곤한 시간에 에너지 넘치는 방송을 할 수 있다. 만약 보통의 직장인처럼 일곱 시에 기상하는 생활리듬을 유지한다면 저녁 9시에 최상의 컨디션으로 방송하기 힘들 것이다.

2015년 취업포털사이트 인크루트에서 기업 인사담당자를 대상으로 설문 조사한 결과, 조사 대상자의 69%가 면접에서 지원자의 건강 컨디션 상태가 호감도에 영향을 미친다고 답했다. 특히 지원자가 감기에 걸렸을 경우 콧물, 코막힘, 기침 소리 등이 면접 분위기를 저해하고 집중력이 떨어져 보인다.

규칙적인 생활을 하고 건강관리를 잘 하는 것은 아무리 강조해도 지나치지 않다. 그런 면에서 중요한 일정을 앞두고 건강을 챙기는 것은 기본 에티켓이기도 하다. 상대와 고객, 수강생들이 언제나 당신의 말에 경청할 것이라 생각하면 오산이다. 당신이 좋지 않은 몸 상태에서 단 한 번 부실하게 말하는 순간 그들은 귀를 닫아버린다.

완벽주의를
버리자

마지막 라운드에 두 명의 골프 선수가 남았다. 한타 차이로 막상막하의 실력이다. 그런데 두 선수는 마음가짐에서 큰 차이가 있었다. A는 자신의 화려한 우승 경력에 먹칠하지 않기 위해 꼭 우승해야 한다고 생각했고, B는 이기든 지든 경기를 즐기자고 생각했다.

그 결과는 어땠을까? 스포츠 심리학의 관점에서 보면 B의 우승 확률이 높다. 아무리 뛰어난 프로 선수라도 매 경기에서 우승할 수는 없다. 많은 대회에서 우승했더라도 때때로 예선 탈락의 고배를 마시기도 한다. 때문에 최고의 골퍼에게는 나도 패배할 수 있다는 겸허한 자세가 필요하다. 그래야 사소한 실수에도 당황하지 않고 자신의 실력을 잘 펼칠 수 있다.

노력 끝에 대화법 명강사라는 수식어를 얻은 나 역시 알고 보면 강의에서 크고 작은 실수가 많았다. 어떤 날은 이른 시간에 지방 강의에 허겁지겁 가느라 짝이 다른 구두를 신기도 했고, 노트북에 바이러스가 생겨 파워포인트가 열리지 않기도 했다. 또 어떤 날은 연이은 강의로 심한 몸살이 걸려 무슨 말을 하는지도 모르게 강의를 했고, 안 좋은 개인사 때문에 심란한 나머지 강의 때 버럭 고함을 지르기도 했다. 이것뿐일까?

내 강의를 들은 사람들은 그 이상으로 많은 허점을 지적할 줄로 안다. 하지만 완벽주의를 버리는 자세 덕분에 지금의 자리에 올 수 있었다. 나는 때로 덜렁거리기도 하고 감정 기복도 심한 편이다. 이런 나 자신을 잘 알기에 애초에 완벽한 강의에 대한 압박감을 일찌감치 포기했다. 완벽한 강의에 집착할수록 강의하면서 생기는 실수 하나 하나에 과민 반응을 하게 된다. 그러면 당황해서 더 큰 실수를 남발하게 되어 제 실력을 발휘하지 못하고 만다. 그렇기에 하나에서 열까지 백 점 만점의 강의를 해야 한다는 욕심을 버렸다. 다만, 내가 정성껏 준비한 콘텐츠를 수강생들에게 잘 전달해야겠다는 자세를 가졌다.

제대로 말을 해보려다 시작도 못할 수 있다. 말을 잘 못 할까봐 걱정이라면 평소 친구와 대화하듯 생각하고 시도해보자. 사투리를 쓸 수도 있고, 상대의 반응이 좋지 않을 때도 있으며, 때로 더듬을 수도 있고 흐름이 끊길 때도 있다. 허나 완벽한 커뮤니케이션이란 어디에도 없을 것이다. 그렇기에 말에서의 완벽주의를 버리고, 이러한 흠집들을 당연하게 받아들이자. 대화 중에 실수를 안 하는 것보다 당황스러운 순간에서도 편안하게 대처하는 사람이 더 좋은 대화를 만들어간다.

말에도 TPO의
원칙을 지키자

평소 친구들과는 말을 잘 하다가도 발표, 회의, 면접 때만 되면 말을 잘 못 해서 땀을 뻘뻘 흘리는 사람들이 많다. 이들의 대표적인 문제로 준비 부족을 들 수 있다. 말을 잘한다고 자만한 탓에 특별한 자리에 아무런 준비도 없이 참석하기 때문이다. 말하기의 기술은 간단하게 한 가지로 끝나지 않는다. 때와 장소에 따른 다양한 노하우를 사전에 습득해야 당황하지 않고 말을 잘 할 수 있다. 취업 면접에서 자기소개법만 하더라도 그에 특화된 말하기 노하우는 따로 있다.

모 기업체에서 프레젠테이션 심사를 맡을 때였다. 최종심에 두 명이 올랐다. A는 울림이 좋은 공명 목소리로 청중을 휘어잡는 능력이 탁월했다. 그의 경력을 살펴보니, 대학교에서 학생회장을 했었다. 그는 언변에 자신이 있는지 자료와 정보에 기초한 말보다는 자기 생각을 더 많이 전달했다. 이와 달리 B는 목소리가 평범하다 못해 다소 거칠었다. 하지만 이러한 목소리의 약점에도 불구하고 자료를 잘 준비해서 콘텐츠를 충실히 전달했기에 전달력에는 문제가 없었다. 결과가 어떻게 됐을까? 우승은 B에게 돌아갔다. 이건 너무나 당연한 일이었다. 프레젠터의 역할은 말재주를 뽐내는 데에만 있지 않고 정확한 자료를 바탕으로 정보를 잘 전달하는 것이 기본이기 때문이다. 말 재주는 예능 프로그램에서 재치 있는 말을 할 때에나 더 돋보일 뿐이다.

이처럼 자기의 말 재주에 도취된 나머지 새로운 상황에서 스피치를 할 때 준비를 소홀히 하는 일이 많다. 아무리 전직 아나운서라도 쇼핑호스트가 되려면, 그에 특화된 화술을 준비해야 한다. 전직 아나운서 출신의 쇼핑호스트가 홈쇼핑 프로그램에서 아나운서의 목소리 톤으로 상품을 설명한다고 생각해보라. 무료한 나머지 시청자들은 채널을 돌려버리고 말 것이다.

애플Apple사의 스티브 잡스가 세계 최고의 프레젠터가 될 수 있었던 것도 철저한 준비에 있다. 그는 프레젠터로서 유명세를 떨칠 때에도 평소와 다름없이 철저히 준비했다. 하나의 프레젠테이션을 위해 무려 6개월 전부터 치밀하게 준비했다고 한다. 준비 기간의 막바

지에 이르면 별도로 2주의 시간을 들여 실전처럼 연습을 반복하면서 단점을 고쳐나갔다. 여기서 끝나지 않았다. 프레젠테이션 이틀 전에는 해당 장소에서 수십 번 리허설을 반복했다. 무대, 조명, 슬라이드는 물론 자신의 동선과 시선 처리 등 모든 면에서 완벽하게 준비했다.

발표, 회의, 면접, 연설, 강연, 강의, 일상 대화, 영업 스피치 등 장소와 때에 따라 말하기 기술이 다른 건 마치 스포츠에 여러 가지 세부 종목이 있는 것과 같다. 먼저, 발표하는 장소가 강의실인지 대강당인지, 방송국인지, 면접 장소인지에 따라 목소리 톤을 달리 연습하는 것부터 고민해야 한다. 그리고 듣는 사람의 연령대나 해당 스피치의 목적에 따라 태도와 분위기를 띄우는 표현, 사용하는 어휘, 말투 등을 유연하게 달리 해보자.

평소 말하기에 자신 있는 사람이라도, 새로운 상황에서 말해야 할 때는 철저한 준비가 필수이다. 만약 준비에 소홀히 한다면? 마치 육상 선수가 축구 경기만 보고 자신도 축구 선수로 잘 뛸 수 있다고 자만하는 것과 같다. 그렇기에 말하기에 아무리 능숙하더라도, 초심을 갖고 각기 다른 시간Time, 장소Place, 상황Occasion에 맞게 충분히 준비해야 한다.

말하기는
실전이다

조나라에 명장의 아들이 있었다. 영특한 그는 아버지로부터 병법을 전수받았지만 실전 경험이 전무했다. 하지만 진나라의 침략을 받게 되자 조나라의 왕은 급한 나머지 그를 군대를 이끄는 장수로 임명했다. 그러나 결과는 참담했다. 실전 경험이 없던 그는 병법 이론에만 근거해서 작전을 펴다가 참패하고 말았다.《사기》에 나오는 조괄의 이야기다. 이는 실전 경험의 중요성을 강조한다. 아무리 이론에 빠삭해도 경험이 부족하면 아무 소용이 없다.

이와 달리 부단한 실전 경험을 통해 실력을 연마한 끝에 검성에 오른 이가 있다. 바로 일본 최고의 검객인 미야모토 무사시宮本武藏이다. 그는 젊은 시절 60여 차례의 승부에서 단 한 번도 진 적이 없었다. 그가 최고의 검객에 오를 수 있었던 건 바로 풍부한 실전 경험 때문이다.

말하기도 이와 같다. 이론과 공식보다 더 우위에 있는 게 실전 경험이다. 자주 여러 상황에서 말하는 습관을 가져야 한다. 무수한 시행착오를 겪는 과정에서 제대로 된 실력을 쌓을 수 있다.

50대 중반의 여성 보험왕을 만난 적이 있다. 그녀와 잠깐 대화를 나눈 것만으로도 그녀의 언변이 매우 뛰어나다는 걸 알 수 있었다. 상대를 편안하게 하면서 자신의 이야기를 물 흐르듯이 해나갔다. 누구라도 그녀와 이야기를 나누면 금방 빠져버릴 듯했다. 그 노하우를 알고 보니 실전에서 말하기 실력을 키우는 것이었다. 30대에 처음 보험설계사를 할 때만 해도 낯가림이 심했던 그녀는 고객으로부터 퇴짜 맞기 일쑤였다. 그렇지만 포기하지 않고 방문을 거듭했다. 이 과정에서 고객에게 어떻게 말을 하면 좋은지 하나씩 고민하고 시도해가며 터득했다. 이 경험이 20여 년 누적되면서, 비로소 화술의 달인이 되었다.

화술과 관련한 자기계발서에서 아무리 많은 노하우를 얻는다 해도 실전에서 활용하지 않는다면 아무 소용이 없다. 그렇기에 오늘의 나를 만들어준 일등 공신 역시 실전 경험인 셈이다. 고등학교 때 지방 방송국 리포터를 시작한 이후, 항상 현장에서 부딪치고 깨지면서 하나씩 배워나갔다. 성우 활동을 할 때도 그랬다. 경험이 쌓일수록 행사 진행 의뢰가 들어오기 시작했다. MC·전문 교육을 전혀 받지 않았던 터라 내가 잘 할 수 있을지 고민도 많았다. 그러나 마음속으로 각오를 다졌다.

'현장에서 부딪치면서 배워나가자. 처음에 힘들겠지만 자꾸 해보면 잘 할 수 있을 거야.'

이렇게 행사 진행자로 발을 내딛기 시작했다. 처음엔 작은 행사로 시작해서 경험을 쌓았다. 그렇게 점차 큰 행사 의뢰가 들어오면서 8·15 광복절 통일 대축제, 국보 문화 축제, 3·1절 행사, 6·4 지방선거 지역 후보자 초청 토론회, 진주 드라마 OST 페스티벌, 8090콘서트 등 많은 행사를 진행하게 되었다. 이를 기반으로 에브리온TV의 〈오수향의 향기톡쇼〉 등 여러 방송매체에도 출연할 수 있었다. 소통으로 고민하는 사람들에게 멘토링할 때 항상 이렇게 강조한다.

"저한테 배우는 것으로는 충분하지 않습니다. 노하우를 잘 숙지한 후 실생활에서 실전 경험을 풍부하게 쌓아야 합니다. 절박한 문제의식을 갖고 꾸준히 연습하다보면 관계가 풀리고 인생이 바뀐다는 것을 경험하실 거예요."

인사로 말문을
열 수 있다

영국에 매우 내성적이고 소극적인 한 소년이 있었다. 그런 성격 탓에 사람 만나는 걸 꺼려했다. 소년은 자신을 바꾸고자 한 가지를 실천하기로 했다. 바로 동네 사람들에게 먼저 인사하기였다. 소년은 주민들을 마주칠 때마다 반갑게 인사했다.

"안녕하세요. 날씨가 좋습니다."

"아주머니, 좋은 일이 생기셨나 보네요."

사람들은 소년을 좋아하기 시작했다. 그러자 소년의 성격도 변하기 시작하면서 사람 만나는 걸 즐기게 되었다. 이 소년이 바로 극작가이자 웅변가로 명성을 날린 조지 버나드 쇼George Bernard Shaw이다.

모르는 사람과 대화하기란 무척이나 어려운 일이다. 상대가 나를 호의적으로 받아들이는지 그렇지 않은지 알 길이 없기에 말을 건네기가 쉽지 않다. 바로 이때 모르는 상대와 말을 건넬 수 있는 가장 쉬운 방법이 인사이다. 정중하고도 밝은 표정으로 건네는 인사는 상대의 마음의 벽을 일시에 허물어버린다.

이는 지인들과 직장 동료, 상사에게도 마찬가지다. 동네, 학교나 직장에서 수시로 인사하면 상대와의 대화가 원활하게 이어진다. 평소 인사를 잘 하지 않으면 대화의 문을 걸어 잠그는 것과 같다. 평소 인사를 자주 해서 좋은 인상을 남기면 남에게 부탁을 청할 때, 상대가 잘 응해준다는 이점도 있다.

실제로 많은 사람을 상대하는 유통업계, 외식업계 종사자들은 하나같이 인사를 강조한다. 대표는 물론 직원들 역시 손님에게 깍듯이 인사하는 걸 중요시한다. 인사가 곧 마케팅의 시작이라고 보기 때문이다. 돈 한 푼 들이지 않는 마케팅인 셈이다. 실로 인사의 위력은 대단하다. 고객의 입장에서는 직원이 정중하고도 밝은 인사를 해주는 점포를 한 번이라도 더 방문하게 된다.

"인사하지 않는다는 것은 상대방에 대한 존중이 없다는 것이다. 존중이 없다는 것은 겸손이 없고, 겸손이 없으면 오만하다는 뜻이다. 오만은 자신의 실력을 제대로 모르고 있다는 것이다. 이런 선수들로는 승부의 세계에서 살아남을 수 없다. 그래서 제일 먼저 가르친 게 인사하는 것이었다."

야신 김성근 감독의 말이다. 그는 선수들에게 서로 깍듯하게 인사할 것을 강조했는데, 상대에 대한 존중과 겸손의 자세를 가지도록 지도했다. 이 기본적인 자세를 시작으로 프로의 세계에서 승부사가 될 수 있다고 보았다.

이는 대화에서도 똑같이 적용된다. 누군가와 만났을 때 먼저 건네는 인사는 대화를 시작하는 데 제일 기본이 된다. 인사는 나이가 어리거나 지위가 낮다고 먼저 하라는 법이 없다. 상대에 대한 존중과 겸손함을 갖고 있다면 지위고하를 떠나서 먼저 하는 게 좋다.

단, 이런 인사를 피하자. 고개만 끄덕이는 인사, 망설이다가 하는 인사, 동작 없이 말로만 하는 인사, 상대를 쳐다보지 않고 하는 인사, 무표정한 인사, 아쉬울 때만 하는 인사, 지나치게 허리를 굽히는 인사, 뛰어가면서 하는 인사. 이것은 예절에 어긋난다. 따라서 인사할 때 예의를 갖춰 성의 있게 해야 한다. 가벼운 인사에는 15도, 일반적인 인사에는 30도, 정중한 인사에는 45도 정도 굽히는 게 좋다. 바람직한 인사 방법은 다음과 같다.

상대의 눈을 보면서 인사말을 한다 → 허리를 굽혀 시선을 바닥에 둔다

→ 천천히 상체를 올리고 나서 상대의 눈을 바라본다

모르는 누군가로부터 "안녕하세요", "오늘 컨디션이 어때요?", "날씨가 상쾌하네요"와 같은 인사를 받는다면 얼마나 기분 좋을까? 그에게 무슨 말로 입을 열어야할지 고민했던 것도 잠시, 자연스럽게 대화를 열 수 있을 것이다. 인사를 건네는 입장에서도 마찬가지다. 상대의 환한 표정을 보면 준비한 이야기보따리를 마음껏 풀 수 있다.

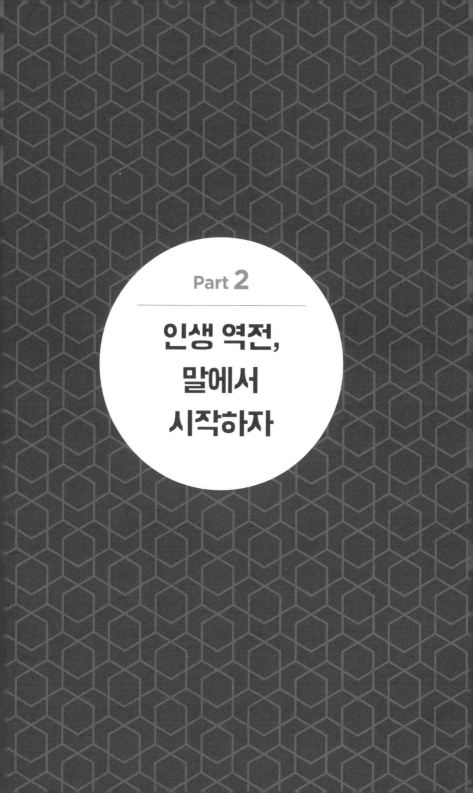

Part **2**

인생 역전, 말에서 시작하자

―

"당신의 운명은 당신이 결정하라. 그렇지 않으면 다른 사람들이 지배한다."

인생은 꼬일 대로 꼬여서 관계도 망가지고, 직장에서도 위태롭고, 빚더미에 쌓였다면?

포기하지 말고, 사람의 마음을 움직이는 말부터 바꾸자.

말을 바꾸면 먼저 관계가 달라지고, 관계가 달라지면 삶이 바뀐다.

대화는
주고받는 캐치볼이다

"대화는 누군가와 함께 공 던지기 놀이를 하는 것과 같다. 쓸 만한 상대방은 공이 글러브 안으로 곧장 들어오도록 던짐으로써 여간해서는 놓치지 않게 하고 그가 받는 쪽일 때에는 자기에게로 던져진 모든 공을, 아무리 서툴게 잘못 던져진 것일지라도, 능숙하게 다 잡아낸다."

폴 오스터Paul Auster의 소설,《달의 궁전》에 나오는 말이다. 대화에 대한 수많은 명언이 있지만 이것만큼 대화가 무엇인지를 잘 설명한 걸 찾지 못했다. 대화는 일방통행으로 이루어지는 게 아니라 쌍방향으로 이루어진다. 많은 사람이 대화를 어려워하는 가장 큰 이유는 대화가 상대와 주고받는 캐치볼이라는 점을 간과하기 때문이다.

　모 기업체 팀장은 팀원들과의 소통을 어려워했다. 그는 자신에게는 문제가 없고, 팀원들이 문제라며 푸념했다.

　"팀원들이 주로 신입 사원들로 구성돼서 그런지 대화가 잘 안 돼요. 팀원들이 회사 생활에 잘 적응도 못 한 데다가 사회 물정을 몰라도 너무 몰라요. 한 가지 사안에 대해서 이야기를 하려면 서너 번씩 반복해야 하고, 팀원들의 호응도도 너무 낮아요. 그야말로 대화 불통입니다. 자꾸 짜증이 나서 미치겠어요."

　이 팀장은 평소 자기주장이 강해서 자기가 하고 싶은 말만 반복하면서 강제로 긍정적인 반응을 이끌어내는 식의 대화를 해왔다. 그는 주도적으로 말을 많이 하는 자신이 언변이 좋다며 착각하고 있었다. 이는 기성세대에 흔히 볼 수 있는 잘못된 생각이다. 우리 사회의 뿌리 깊은 상명하복 문화에 젖은 채, 젊은 세대와 수평적으로 대화하지 않았던 점이 큰 문제였다. 여전히 많은 기업체가 군대식 상명하복 문화를 고수해서 경영진의 일방통행식 대화(라기보다는 명령)에 따라 돌아가고 있다. 하지만 이제는 통념을 깨고 창의성을 강조하는 추세에 따라 쌍방향 대화를 통해 다양한 의견을 듣고 업무의 효율과 사기를 높이려는 변화가 신생 기업들을 중심으로 일어나고 있다.

그에게 다음과 같이 조언을 해주었다.

"혼자 말을 많이 한다고 해서 대화를 잘하는 게 아니에요. 대화는 연설이나 지시가 아니기 때문이죠. 대화는 상대와 공을 주고받는 캐치볼과 같아요. 그런데 팀장님은 상대가 공을 잘 받을 수 있게 던지는 게 아니라 있는 힘껏 멀리, 세게 던지시는 것 같아요. 그렇게 하면 대화는 끝입니다. 대화가 잘 이루어지려면 권위적 위계 질서를 버리고 상대와 눈높이를 맞추어야 해요."

공이 매끄럽게 왔다 갔다 잘 되는 캐치볼을 하려면 상대와의 수평적 관계를 유지하는 자세가 중요하다. 상대가 일단 수직적 관계라고 느끼는 순간 대화는 단절되고 만다. 때문에 나이나 직급이나 소속된 회사가 어디든 상관 없이 상대와 대등한 관계라는 점을 인지하고 대화를 이어가야 한다. 다음의 네 가지 방법을 잘 기억하자.

첫째. 상대에 대한 선입견을 버려라

일단 상대가 어떻고 미리 판단하면 좋은 대화를 나누기 어렵다. 선입견은 권력 관계를 만들기 쉽다. 대화를 나누기 전의 모든 사람은 '이름 없는 꽃'과 같다. 선입견과 편견 없는 자세로 대화에 나설 때 상대는 비로소 자신의 이름을 드러낸다.

둘째. 혼자 많은 말을 하지 말라

자신이 말을 많이 하는 데 주력하기보다는 상대가 더 많은 말을 하도록 하자. 말의 비율을 자신은 40%, 상대를 60%로 잡자. 그러면 대화에 흥이 붙어서 끊이지 않을 것이다.

셋째. 공통의 관심사를 화제로 삼아라

일상 대화를 할 때는 흥미로운 화제로 시작하는 게 좋다. 회사 내에서는 상대의 취향이나 의견, 관점을 잘 고려해 공통점을 찾아낸 후 대화나 회의를 이끌어가자.

넷째. 상대의 반응에 신경을 써라

상대가 대화에 집중하는지, 다른 것에 신경을 쓰지 않는지 잘 살펴야 한다. 그러면서 상대가 좋아하는 게 뭔지를 파악해서 그것을 위주로 대화를 이어가면 좋다. 상대의 기분이 좋아지도록 치어리더처럼 말로 흥을 돋워보면 좋은 대화가 이어지지 않을까?

어휘력을
늘려야 고수다

"공항장애에 걸렸어요."

"주구장창 자기 고집만 부렸습니다."

"그의 성공사례를 타산지석으로 삼자."

심심치 않게 접하는 말들이다. 얼핏 보면 맞는 말 같지만, 모두 틀린 말이다. 첫 번째의 '공항장애'는 '공황장애'의 잘못된 표현이고, 두 번째의 '주구장창'은 '주야장창'의 잘못된 표현이다. 세 번째는 '타산지석'이 나쁜 사례에서 도움을 받는다는 의미이기 때문에 틀렸다. 그러므로 "그의 실패사례를 타산지석으로 삼자."로 고쳐 써야 맞다.

이렇듯 우리가 모르고 잘못 사용하는 말들이 적지 않다. 특히, 유식한 척 사자성어를 썼다가 잘못된 표현을 써서 망신당하는 일이 있다. 대표적인 예를 살펴보자.

토사광란(×) → **토사곽란**(○)	산수갑산(×) → **삼수갑산**(○)
성대묘사(×) → **성대모사**(○)	풍비박살(×) → **풍비박산**(○)
일사분란(×) → **일사불란**(○)	유도심문(×) → **유도신문**(○)
동거동락(×) → **동고동락**(○)	화룡정점(×) → **화룡점정**(○)
체면불구(×) → **체면불고**(○)	포복졸도(×) → **포복절도**(○)

이외에도 사자성어를 잘못 사용하는 일이 많은데, 자신 있게 틀린 표현을 썼다가는 사람의 품위가 떨어질 수 있다. 예컨대 회사 내 임원진이 흔히 잘못 사용하는 표현 중 하나인 '생사여탈권'은 '생살여탈권'이 바른 표현이다. 임원의 잘못된 말 한마디가 그의 리더십에 큰 타격을 준다.

"대박"

"헐"

"정말?"

이런 말도 일상에서뿐만 아니라 TV 예능 프로그램에서 자주 들을 수 있다. 이 단어를 대신할 수 있는 다양한 어휘가 있음에도 불구하고, 어휘력이 풍부하지 않아서 한정적인 표현에 의존하고 있다. 어려운 영어 단어만 공부하는 요즘 세태에 다양한 어휘력을 구사하는 문제는 매우 중요하다. 일상 어휘가 적다 보니, 일상 대화의 기품이 떨어지고 정확한 의사소통을 하는 데도 문제가 생긴다.

품위 있는 대화를 하기 위해서는 말을 정확하게 사용하고 또 어휘를 늘리는 게 필수적이다. 그래야 내 생각을 상대에게 정확하게 전달하고, 또 상대는 내 생각을 오차 없이 받아들일 수 있다. 뿐만 아니라 풍부한 어휘력은 사고의 수준도 넓히는 중요한 열쇠이다.

정확하게 말하고, 풍부한 어휘력을 기르려면 어떻게 해야 할까? 독서량과 어휘력의 상관관계는 두말할 필요 없다. 영상 매체의 시대가 되면서 독서량이 줄어들고, 독서 교육 역시 제대로 이루어지지 않고 있다. 다음과 같은 방법을 통해 일상생활에서 새로운 습득한 어휘와 정확한 말을 사용하는 습관을 가져야 한다.

1. 신문과 책을 소리내어 읽기

2. 모르는 어휘는 지나치지 말고 생활 속에서 반복해서 말하기

3. 외래어, 외국어보다는 한글을 풍부하게 사용할 것

생생하게
말하라

"어떻게 하면 상대가 지루하지 않게 말할 수 있을까요?"

이런 문의를 자주 접한다. 그건 구체적이고 생생하게 말하느냐, 그렇지 않느냐에 달렸다. 이렇게 말하려면 비유와 스토리텔링을 잘 활용해야 한다.

먼저, 비유에 대해 살펴보자. 데일 카네기Dale Breckenridge Carnegie는 《카네기 스피치 & 커뮤니케이션Quick and easy way to effectives speaking》에서 비유는 중요한 논점을 보강하는 데 도움이 되는 뛰어난 기술이라고 했다. 비유의 힘을 잘 보여준 스피치의 예로는 1963년 마틴

루터 킹 Martin Luther King이 평화행진 중에 행했던 연설을 들 수 있다.

"우리는 명목뿐인 수표를 현금으로 바꾸기 위해서 수도에 모였습니다. …… 미국은 흑인들의 이 신성한 요구에 대해 예금 잔고 부족이라는 표시가 찍힌 부도 수표를 되돌려 주고 있습니다. 하지만 정의라는 이름의 은행은 결코 파산하지 않을 것입니다."

'수표', '현금', '예금 잔고 부족', '부도 수표', '정의라는 이름의 은행'이라는 비유를 풍부하게 사용했다. 이 얼마나 절묘한가? 흑인들의 인권 요구와 이에 대한 미국 정부의 완고한 태도를 피부에 와 닿게 잘 표현했다.

이처럼 비유는 의미를 생생하게 전달한다. "열심히 일했다."보다 "황소처럼 열심히 일했다."라는 표현이 낫고 "아름다운 당신"보다 "봄 햇살처럼 아름다운 당신"이란 표현이 좋다. 자신의 경험에서 나온 비유를 쓰면 더 공감을 얻을 수 있다.

다음, 스토리텔링에서의 생생함에 대해 살펴보자. 쇼핑호스트 정윤정을 예로 들어보자. 그녀는 상품을 소개할 때 수치와 통계, 구성 요소, 특징을 지루하게 나열하지 않는다. 이런 이야기는 시청자들이 집중하는 주제가 아니기 때문이다. 대신에 그녀는 스토리텔링으로

제품을 구체적이고 생생하게 소개한다.

> "〈별 그대〉에서 전지현이 코트 두 개 겹쳐 입은 거 보셨어요? 얇
> 은 코트를 입고 겉에 두꺼운 코트를 또 입으니까 참 예쁘더라고
> 요. 저도 전지현처럼 예쁘게 입으려고 요즘 다이어트 중이에요."

정윤정 쇼핑호스트는 제품에 생생한 이야기를 잘 입혔다. 유명
배우가 등장한 드라마의 이야기를 풀어놓음으로써 단번에 시선을
끌어모으는 데 성공했다. 똑같은 것을 말하더라도 생생한 비유나
예시를 잘 입히면 강한 호소력을 발휘한다. 그러므로 누군가를 사
로잡으려면 자신의 경험담을 구체적인 이야기로 전달하는 게 좋다.

이처럼 말에 비유와 스토리텔링을 탑재하자. 이렇게 하면 사람들
사이에서 단연 돋보이며, 다들 이렇게 수군거릴 것이다. '저분은 참
말을 잘 한다', '저분의 말에 빠져든다', '저분과 대화하고 싶다'

더 짧게,
더 쉽게!

긴 문장이 많은 연설이나 대화는 상대를 주눅 들게 하고 논점을 흐리기 쉽다. 소통이라는 측면에서 보면 아주 나쁘다. 듣는 사람이 무슨 말을 하는지 잘 이해할 수 없기 때문이다. 문장이 길면 주어와 술어 사이의 간격이 길어져서 그 뜻을 이해하는 데 애를 먹게 된다. 또한 비문이 생길 가능성도 커진다. 이런 이유로 글쓰기에서도 짧은 문장 쓰기를 권장하고 있다.

"글은 단문이 좋다. 문학작품도 그렇지만 논리 글도 마찬가지다. 단문은 그냥 짧은 문장을 가리키는 게 아니다. 길어도 주어와 술

어가 하나씩만 있으면 단문이다. 문장 하나에 뜻을 하나만 담으면
저절로 단문이 된다."

_유시민, 《유시민의 글쓰기 특강》

"최대한 단문으로 써라. 쪼갤 수 있는 데까지 쪼개서 써라. 끊을
수 있는 데까지 끊어라. 주어와 서술어 사이의 거리를 짧게 하자.
그래야 읽는 사람이 이해가 빠르다."

_강원국, 《대통령의 글쓰기》

말하기는 글쓰기와 다른 영역이지만 '소통'에 방점을 두고 있다
는 점에서는 일치한다. 따라서 주어와 술어의 길이가 짧은 문장으
로 말하는 게 좋다. 그래야 상대로부터 높은 호응을 끌어낼 수 있다.

토크쇼의 제왕 래리 킹Larry King은 말했다.
"위대한 연설가들이 공통으로 지킨 원칙을 정리한 말이 있다. 그
것은 'KISS'이다. 이는 'Keep It Simple, Stupid(단순하게 그리고 머리
나쁜 사람도 알아듣게 하라)'라는 말을 축약한 것이다."
그의 말처럼 훌륭한 연설일수록 짧다. 길게 말한다고 감동이 더
있거나 핵심이 잘 전달되는 것이 아니다. 듣는 이의 시간과 수고를
생각해서라도 핵심을 짧게 간추리는 게 좋다. 미국 독립선언서를

기초한 토마스 제퍼슨Thomas Jefferson은 3분 연설을 하려면 3주가 필요하고, 10분 연설을 하려면 1주일이 필요하며, 한 시간 연설을 하려면 당장 해도 괜찮다고 했다. 이처럼 짧은 연설은 간단히 탄생하는 게 아니다. 긴 연설에 비해 더 많은 준비 시간이 필요하다.

짧은 스피치는 특히 바쁜 직장인, 면접을 앞둔 취업준비생들에게 매우 유용하다. 30분, 1시간씩 상대방에게 이야기할 여유가 없기 때문이다. 어느 직장에서는 시간에 쫓기는 CEO에게 1분 안에 보고하는 '엘리베이터 보고'를 활용하기도 한다. 아주 짧은 시간 안에 핵심을 간결하고 정확하게 전달하는 능력이 중요한 셈이다.

그렇다면 면접과 짧은 보고, 영업에서 많이 쓰이는 '1분 스피치'의 요령을 알아보자. 보통 5분 정도 여유가 있을 때는 '서론 – 본론 – 결론'의 형식에 맞춰 말할 수 있다. 이때 시간은 '1분 – 2분 – 2분' 혹은 '1분 – 3분 – 1분'으로 나눌 수 있다.

하지만 1분만 주어졌을 때는 상황이 다르다. 이때는 서론을 최소화하자. 본론만 말하기에도 시간이 부족하기 때문이다. 본론에서는 번호를 붙여 요점을 두세 개로 묶어서 제시하자. 시간적 여유가 있다면 근거와 이유를 덧붙여 제시할 수 있다. 마지막 결론에서는 본론에서 말한 것을 한마디로 강조하면 된다. 강렬한 인상을 남기는 한 문장으로 말하는 게 좋다.

    2018 평창 동계 올림픽 유치 프레젠테이션에서도 짧은 문장이 주효했다. 프레젠테이션의 주역 나승연 프레젠터 역시 다음과 같이 짧은 문장의 중요성을 강조했다.

    "요즘 영어의 트렌드는 짧고 간단한 문장을 사용하는 것이다. 그 이유는 짧은 문장이 이해하기 쉽고 집중도를 높이기 때문이다. 특히 프레젠테이션이나 연설은 청중과 나누는 대화이다. 대화할 때 한 문장이 너무 길게 늘어지면 듣는 사람이 이야기 중간에 딴생각을 하게 되는 일이 많다. 따라서 구어체 문장은 문어체 문장에 비해 짧아야 한다. 또한 영어가 모국어가 아닌 우리들로서는 문장이 짧을수록 프레젠테이션에서 사용할 핵심 구문과 문장을 더 기억하기 쉽다."

빼기가
표현력을 더한다

A: 대학 재학 동안 다양한 해외 연수 경험을 쌓아온 저는 세계 경제 동향에 대해 그 누구보다 잘 알고 있기 때문에 귀사의 해외 마케팅 부서의 적임자라고 확신합니다.

B: 봉사활동을 통해 어려운 처지의 사람들을 접한 것이 저에게 사회적 책임감을 느끼게 하였습니다. 또 제 자신의 미래 진로를 명확하게 설정하는 데 이러한 경험이 너무 큰 도움이 되었고……

대학생 대상 모의 면접 심사할 때 접하는 말들이다. 위의 두 말은 어딘가 모르게 부자연스럽다. 일상에서 지인과 서로 주고받을 때

나오는 자연스러운 말투가 아니다. A는 '저'에 꾸며주는 수식어가 길고, B는 번역투를 잘못 사용한 예로 사물을 주어로 쓰는 습관이 있었다.

이처럼 딱딱하고, 호흡이 긴 말을 문어체 말투라고 한다. 문어체 는 일상에서 쓰는 말이 아니라 책에 쓰인 글말을 뜻한다. 그렇기에 책에서 쓰는 어감을 일상 대화에서 그대로 사용하는 것은 바람직하 지 못하다. 따라서 평소에는 구어체 말투, 곧 입말투를 사용하는 게 좋다. 이는 어렵게 생각할 필요 없다. 주어와 술어를 반드시 써줘야 좋은 문장인 문어체와 달리 지인과 편하게 대화할 때 쓰는 쉬운 말 을 떠올리면 된다.

구어체 말투로 위의 두 말을 바꾸어보자.

A: 저는 대학교에 재학할 때 다양한 해외 연수 경험을 쌓아왔습니 다. 그래서 세계 경제 동향에 대해 그 누구보다 자신 있기에 귀 사의 해외 마케팅 부서의 적임자라고 생각합니다.
B: 저는 많은 봉사활동을 하면서 어려운 처지의 사람들을 도왔습 니다. 이러한 경험 중 사회적 책임감을 느꼈고 제 진로를 명확하 게 설정하는 데 큰 도움이 되었습니다.

훨씬, 자연스럽고 전달력이 좋지 않은가? 위의 말보다 의미가 쏙 쏙 들어오면서도 호감도가 높다. 이처럼 지나치게 긴장한 나머지 문어체 말투를 남발하는 것을 삼가고, 여유 있게 쉬운 말을 쓰면 상대로부터 좋은 평가를 받을 수 있다.

특히 말할 때 흔히 쓰는 번역투, 수동 표현은 공부할 필요가 있다. 우리는 너무 쉽게 수동형 또는 피동형 동사를 남발한다. 특히 영어의 문장 구조에 맞춰 번역된 책이나 일본식 수동 표현에 익숙해져서, 한국어에 대한 이해도가 떨어지고 있다는 게 문제다. 그 미묘한 뉘앙스를 깨달아 바꾸어가려면 부단한 노력이 필요하다. 가령 주의해서 고쳐 써야 할 표현들은 목록을 만들어 정리해도 좋다.

예를 들어 접미사 '-들'은 번역 문장에서 많이 쓰이지만 줄여 쓰는 게 좋다. "많은 사람들이 모이셨군요."라는 표현도 복수의 의미인 '많은'과 '-들'이 중복으로 표현되기 때문에 '-들'을 삭제하고 "많은 사람"으로 고쳐 쓰는 게 더 좋다. "우리 생각들을 더 모아봅시다."라는 문장도 마찬가지다. "우리 생각을 더 모아봅시다."로 고쳐 쓰는 게 덜 어색하며, 정확한 표현이다.

이 외에도 대표적으로 많이 쓰는 표현이 '-관계에 있다.', '-에(게) 있어', '-하는 데 있어', '-함에 있어', '-있음(함)에 틀림없다.' 정도다. 쓸데없는 장식처럼 덧붙이는 표현들은 외려 한국어 표현을 어색화게 만든다.

문장에서 습관적으로 덧붙여 쓰던 표현들은 빼는 게 백번 낫다.

무언가 덧붙여야만 유식해보이고, 격식 있어 보이는 게 아니다. 빼 보면 안다. 중독에 가깝게 쓰던 번역투, 수동 표현, 접미사, 조사 등 모두 말을 길게 끌기만 할 뿐 전달력을 떨어뜨릴 뿐이다.

구어체 말투를 잘 사용하기 위해서는 다음 다섯 가지 방법을 반드시 숙지하자.

첫째, 원고를 외어서 그대로 읽지 말자

딱딱한 문어체로 말하는 사람의 공통점은 원고를 그대로 읽는다는 점이다. 원고를 준비했다면 핵심 키워드만 정확히 외우고 나머지는 자신의 말투로 자연스럽게 말하는 게 좋다.

둘째, 맨 앞에 사람을 주어로 내세우자

주어가 사람이 아닌 말을 쓰면 의미를 파악하기 힘들다. 번역투로 된 원고가 있다면, 이를 우리식 문장으로 바꾸어 읽는 게 낫다.

셋째, 짧은 문장을 사용하자

일상에서 내뱉는 말은 이내 사라지기에, 짧은 문장으로 생각을 명확하게 전달해야 상대가 집중해서 들을 수 있다.

넷째, 한자어나 번역투의 과도한 표현을 피하자

'오늘'로 써도 될 것을 '금일'로 하거나 '앞으로'라고 써도 될 것을 '향후'로 할 필요가 있을까? 일상에서 자주 쓰는 표현이 전달력이 높다는 걸 잊지 말자. 마찬가지로 "~하겠습니다."라고 써도 될 것을 "~할 것입니다."처럼 '것'을 덧붙이면 어색해진다. 쉽고 부드러운 표현을 사용하자.

다섯째, 자연스럽게 발음하자

일상 대화에서는 연음으로 말을 한다. 보통 "~하였습니다." 대신에 "~했습니다."라고 말한다. 앞말의 받침이 뒤로 미끄러지는 현상 때문이다. 그래서 "나는 박철수입니다." 대신에 "나는 박철숩니다."라고 말한다. 이렇듯 일상에서 편하게 발음하는 방식을 사용하는 게 좋다.

자기 자랑과 변명을 늘어놓는 순간,
게임은 끝난다

　말을 듣는 사람이 싫어하는 두 가지가 있다. 만약 당신이 말을 했다 하면 사람들이 질려하거나, 실망스러운 표정을 짓는다면? 자기 자랑과 변명 때문은 아닌지 되돌아 보자.

　먼저, 자기 자랑의 사례를 보자. 모 기업 팀장 K는 입만 열었다 하면 자화자찬이었다. 그는 회의 시간만 되면 어김없이 자기 자랑을 빼놓지 않았다.

　"내가 원래 미국 명문 Y대를 나와서 그런지 모르겠는데, 국내 마케터들의 시각이 우물 안 개구리예요. 이래 가지고서야 글로벌 시대에 외국 기업과 경쟁해서 살아남겠느냐고요? 여러분도 잘 아시다시피 내가 미국의 세계적인 P사에 있었잖아요. 그때 내가 실적으로 최고였어요. 그러니까 이번 프로젝트는 내 능력을 믿고 전적으로 내 의견에 따라서……."

회의 시간은 팀원들이 자유롭게 의견을 개진해서 그중 제일 나은 것을 선택하는 게 일반적이다. 그런데 K는 자기 주장만 늘어놓으면서, 팀원의 사기를 떨어트렸다. 그 결과는 어떨까? 팀원들은 회의 시간을 피하고 싶어 했고, 회의 내내 팀장에 대한 긍정적 피드백만 할 뿐 의견을 내놓지 않았다. 소통이 안 되는 회의는 시간 낭비일 뿐이었다.

영국의 정치가이자 문필가 필립 체스터필드Philip Chesterfield는 어떤 상황에서도 자기 자랑을 하지 말라고 했다. 아무리 훌륭한 사람이라도 자기 말만 앞세우는 순간, 허영심과 자만심이 고개를 들기 때문에 사람들에게 불쾌감을 준다고 강조했다. 그는 다음 두 가지를 피하라고 했다.

첫째, 이야기의 흐름과 상관없이 엉뚱하게 자기 자랑을 하는 것

둘째, 자신이 남에게 비난받는다고 말하면서 사실은 그렇지 않다고 말하다가 교묘하게 자기 자랑을 죽 늘어놓는 것

사실, 입을 열었다 하면 자기 자랑을 하는 사람의 심리에는 열등 감이 도사리고 있다. 외적인 것, 물질적인 것을 하나하나 거론하면 서 자기 자랑을 해야 만족감이 드는 건 심리적 결핍 때문이다. 결국 자존감이 낮으면 괜한 자격지심으로 자기의 장점만 내세우면서 도 리어 자신의 결점은 보지 못하는 대화를 하게 된다.

다음, 변명의 사례를 보자. 이제 막 강사로 나선 J는 변명으로 강 의를 시작하는 게 습관이었다. 그는 나름대로 강사 교육을 잘 이수 하며 성실한 이력을 쌓았지만, 긴장한 나머지 이런 말을 내뱉기 일 쑤였다.

"제 강의가 여러분에게 큰 도움이 될지 잘 모르겠지만……."

"이 자리에서 서기에는 여러모로 부족합니다만……."

"오늘은 몸이 안 좋아서 준비를 잘 못 했는데요……."

이런 말을 겸손의 표현이라고 생각하면 큰 오산이다. 많은 사람 앞에서 말하는 사람은 절대 자기의 능력이 부족하다는 걸 서론에 말하지 말아야 한다. 그건 바쁜 시간을 쪼개어 참석한 청중에 대한 실례이다. 그러므로 상대에게 호응을 얻는 대화를 하기 위해서는 도입부에 긍정적인 면과 열정을 담아 말해보자. 청중은 당신의 말 에 더 귀 기울일 것이다.

목소리에
힘을 길러라

"목소리 큰 사람이 이긴다."

종종 들을 수 있는 말이다. 다툼이나 논쟁이 벌어졌을 때 작은 목소리보다 큰 목소리가 유리한 게 사실이다. 설령 작은 목소리를 가진 사람이 큰 목소리를 가진 사람보다 조리 있고 논리적으로 말한다고 해도, 큰 목소리에 짓눌려버린다. 이렇듯 '목소리의 힘'은 말하기에서 중요한 요소이다.

말할 때 떨려서 말하기가 두렵다는 사람들은 알고 보면 목소리에 힘이 없는 경우가 많다. 모 대기업 임원이 그랬다. 그는 말하기에 고민이 있어서 나를 찾아왔다.

"사적인 자리에서는 말을 잘해요. 그런데 공적인 자리에서 말하는 게 무척이나 힘듭니다. 사람들이 내 말에 귀 기울이는 것 같지 않습니다." 그와 대화를 시작하자마자 목소리의 문제라는 것을 단박에 알 수 있었다.

"목소리에 힘이 없다는 게 문제네요. 힘 없는 목소리로 말하는 사람은 파워가 없는 사람처럼 여겨질 수 있어요. 더더욱 리더가 작고 매력 없는 목소리로 말하면 리더십에도 흠집이 날 수밖에 없죠."

실제로 말 잘하는 사람들의 공통점으로 목소리에 힘이 넘친다는 점을 꼽을 수 있다. 지난 대선에서 안철수 후보가 말 잘하는 이미지를 연출하고자 쩌렁쩌렁 화법을 구사했다. 이전에 조곤조곤하게 말할 때는 우유부단하고 다소 연약해보여서 말을 잘 못한다는 평이 많았다. 하지만 목소리에 힘이 붙자 말 잘한다는 평가가 늘었다.

힘 있는 목소리의 또 다른 대표적인 인물로 전 미국 대통령 버락 오바마Barack Obama를 꼽을 수 있다. 2012년 민주당 대통령 후보 수락 연설의 일부를 살펴보자.

"미국이여, 우리는 후퇴할 수 없습니다. 할 일이 너무 많은데 후퇴할 수 없습니다. 가르쳐야 할 많은 아이들, 그리고 보살펴야 할 많은 퇴역군인들이 있는데 후퇴할 수 없습니다. 바로 잡아야 할 경제, 재건해야 할 도시, 그리고 보호해야 할 농장이 있는데 그럴 수

없습니다. 지켜야 할 많은 가정, 치유해야 할 많은 삶 때문에 후퇴
할 수 없습니다. 미국이여, 우리는 후퇴할 수 없습니다."

매끄러운 콘텐츠에 힘 있는 중저음 목소리가 매력적으로 대중에
게 전해졌다. 그 목소리의 울림과 리듬감은 마치 성악가의 풍부한
성량을 연상시켰다. 이로 인해 대중들은 성악가의 공연을 보는 듯
한 착각 속에서 감동에 빠져들었다. 때로 하나의 훌륭한 정치 스피
치는 국민의 마음을 움직이고, 나아가 세상을 움직이는 법이다. 그
의 훌륭한 스피치는 미국인들은 열광시켰고, 미국 최초의 흑인 대
통령으로 당선되는 데 핵심 역할을 했다.

기타를 예로 들어보자. 무엇이 기타의 가치를 결정할까? 기타의
외관일까? 기타마다 다른 선율의 스타일일까? 기타의 소리통일까?
어느 것 하나 중요하지 않은 게 없다지만 그 중 제일 중요한 것은
소리통이다. 현 아래에 붙어 있는 소리통은 소리에 울림을 주는 '공
명통'의 역할을 한다. 소리통이 음률을 진동시키며 흔들기 때문에
소리통이 좋을수록 기타의 값어치도 올라간다.

사람의 말도 마찬가지다. 아무리 외향이 멋지고, 훌륭한 콘텐츠
로 말을 한다고 해도 그 사람의 소리통이 나쁘면 말의 가치는 추락
한다. 사람들은 상대의 목소리만 듣고서도 호불호를 결정하기 때문

에, 좋은 목소리는 경쟁력인 셈이다. 말의 전달력에서 목소리는 무려 38%나 차지한다는 통계도 이 중요성을 잘 보여준다. 중저음의 목소리는 남성호르몬인 테스토스테론 분비량과 관계가 있으며 체구 크기를 암시한다. 목소리 피치(높이)가 낮을 경우 테스토스테론 분비량이 많고 체구가 클 가능성이 커서, 중저음의 목소리는 공격적이고 도전적인 성향을 연상시키며 자연스럽게 성공의 이미지로 연결된다. 따라서 대화를 잘하려면 누구나 자신의 목소리를 잘 가꾸어야 한다.

세계적인 연설가이자 동기부여의 달인, 지그 지글러Zig Ziglar는 세일즈맨의 목소리에 백만 달러의 가치가 있다고 강조하면서 이렇게 말했다.

"판매에 있어서 가장 중요한 도구는 두말할 것 없이 세일즈맨의 목소리다. 언어치료사들의 의견에 따르면, 우리 사회 구성원 중 듣기 좋은 목소리를 타고난 사람은 5퍼센트에 지나지 않는다고 한다. 그렇지만 나머지 사람들은 훈련을 통해 좋은 목소리로 바꿀 수 있다."

이처럼 말을 단순히 잘하는 달변가가 되는 것을 우선순위로 삼기보다, 먼저 차분하면서도 깊이 있는 목소리를 트레이닝 하는 것이 중요하다. 목소리는 후천적인 트레이닝으로 얼마든지 개선할 수 있다. 그렇다면 좋은 목소리를 내려면 어떻게 하면 될까? 공명과 정확

한 발음 즉, 잘 울리면서도 정확하게 발음해야 한다. 이를 위해 다음
세 가지 요령을 실천하자.

첫째, '방청객 발성법'

이는 방청객이 흔히 내는 '음, 아, 오' 등의 감탄사이다. '음~'이라고 하
면 코에서 머리 언저리와 얼굴 전체에 파동이 전달되어 소리가 깊어진
다. '아~'라고 하면 입 안에 공간이 많이 확보되어 역시 깊은 소리와
울림 있는 음성을 낼 수 있다. '오~'라고 하면 턱의 움직임을 도와주게
되어 발음을 유연하게 만들어준다. 이는 간단해보이지만 효과가 매우
좋다. 실제로 대학교 연극영화과 학생들의 발성을 위해 이 방법을 가르
쳐서 큰 결실을 냈다.

둘째, '최불암 호흡법'

최불암이 웃으면서 '파~'하고 소리를 내듯이 따라서 소리를 내면 된
다. 이렇게 할 때 횡경막이 모두 열리고 숨이 깊어지기 때문에 저절로
복식호흡이 되면서 울림이 큰 소리가 나온다. 이러한 복식호흡은 가수
나 배우들이 발성을 위해 많이 사용하고 있는 방법이다. 이때 유의할
점은 입안의 공간을 최대한 확보한 상태에서 마치 입안에 달걀 하나를
물고 있는 것처럼 아치를 열고 갈비뼈쪽의 횡경막을 마치 퉁퉁 튀긴다
는 느낌으로 '파 파'를 반복하는 것이다.

셋째, '조음 기관 국민체조'

이는 발음을 정확하게 하는 방법이다. 어릴 때부터 잘못된 습관으로 인해 부정확하게 발음하는 사람들이 많다. 이는 그대로 방치하면 안 된다. 비뚤어진 치아를 가지런히 하기 위해 치아교정을 하듯이, 발음에도 교정이 필요하다. 발음 교정을 위해서는 입술, 턱, 혀, 코를 자주 활성화시키는 게 좋다. 다음 네 종류의 소리를 자주 발음하여 조음기관의 경직을 풀어주자.

입술을 풀어주는 소리: 마바타 마바타 마바타

턱을 풀어주는 소리: 타나다 타나다 타나다

혀를 풀어주는 소리: 라리루 라리루 라리루

코를 풀어주는 소리: 홍콩송 홍콩송 홍콩송

회사 언어와
일상 언어는 다르다

모 중소기업에서 특강을 끝낸 후 회사 대표를 만났다. 그는 말하기에 대한 고민을 토로했다. 사실 그는 연설이나 회의에서는 꽤 말을 잘했다.

"업무상으로 직원들과 말하는 데에는 애로사항이 없습니다. 그러나 업무와 상관없이 점심식사 때나 회식 때 사적으로 나누는 대화가 문제입니다."

그는 목적에 따라 달리하는 대화법에 대해 무신경했다. 크게 보면, 일상 대화의 목적과 업무 대화의 목적이 있다. 일상 대화의 목적은 친밀한 인간관계를 이어주는 데 있고, 업무 대화의 목적은 정확한 정보 전달에 있다. 일상에서 대화할 때는 논리적인지를 따지기보다 언어와 몸짓으로 적극적 공감을 표시하는 것이 더 중요하다. 하지만 그는 업무에서나 일상에서나 정확성에 기반한 치밀한 근거를 요구했다. 이런 식이었다.

"대표님, 요즘 물가가 너무 올라서 차 기름 값이 무섭습니다. 월급이 반 토막 날 지경입니다."

"월급의 반 토막이라니 너무 과장하는 게 아닌가? 많아봐야 월급의 10%밖에 안 되는 걸로 아는데."

직원은 대표에게 물가가 올랐다는 걸 화제로 말을 걸면서, 친교를 쌓으려고 했다. 그런데 고지식하게도 대표는 말의 정확성에 문제제기를 하고 말았다. 이렇게 되면 직원은 무안해서 대화가 이어지기 어렵다.

업무적으로 대화할 때는 정확한 사실에 근거한 내용을 예의 갖춰 말하는 것이 중요하다. 특히 명확하게 지시하고 보고할 때, 간략하지만 정확한 수치나 사실에 기반하여 전달하는 것이 좋다. 업무 중 부하 직원에게 "올해 회사의 매출액이 어느 정도 되겠습니까?"라고 물었을 때 뭉뚱그려 답하는 것보다는 "올해 매출액은 900여 억 원으로 예상합니다. 작년에 비해 150억 원이 증가한 것입니다."라는 표현이 좋다.

다음은 업무 대화의 기본적인 매너이다.

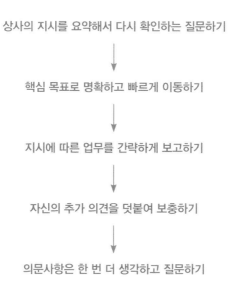

상사의 지시를 요약해서 다시 확인하는 질문하기

↓

핵심 목표로 명확하고 빠르게 이동하기

↓

지시에 따른 업무를 간략하게 보고하기

↓

자신의 추가 의견을 덧붙여 보충하기

↓

의문사항은 한 번 더 생각하고 질문하기

이처럼 회사에서 쓰는 언어는 일상에서 쓰는 언어와 달리 표현해야 한다. 따라서 대화의 목적을 잘 구분하여 효율적으로 대화를 이어가도록 하자.

때로는 멈추는 것도
방법이다

　누군가와 대화할 때 어떤 사람은 상대에 관심을 갖고 대화를 이어가는 반면, 누군가는 무관심해서 대화를 이어가지 못한다. 자신과의 대화에 관심이 있는 상대를 만난다면 행운이다. 만약, 그렇지 않은 사람을 만날 때는 어떻게 하면 좋을까?

　'자이가르니크 효과'를 사용하면 된다. 이것은 구소련의 심리학자 자이가르니크Zeigarnik가 입증한 심리 법칙이다. 이는 레스토랑의 웨이터가 수많은 손님의 주문은 헷갈리지 않고 잘 기억하지만 주문이 끝난 후에는 깡그리 잊어버리는 현상에서 발견되었다. '자이가르니크 효과'는 완결되지 않은 일은 잘 기억하지만 완결된 일은 잘 잊어버리는 현상을 말한다. 그는 중단 효과를 강조하면서 이렇게 말했다.

"미완의 행위가 완료된 행위보다 더 기억에 남는다."

이는 실제로 우리 주변에서 자주 접할 수 있다. TV 연속 드라마의 매회 마지막 장면을 예로 들 수 있다. 한 회에 형사가 범인을 추격하는 이야기가 나온다고 하자. 그러면 마지막 장면에 범인이 잡히는 장면을 내보내는 게 나을까? 아니면 이제 막 범인이 잡히려고 하는 긴박한 장면을 내보내는 게 나을까? 당연히 후자다.

이성 관계에서도 그렇다. 같은 과에 새로 들어온 여자 후배를 마음에 둔 남자 대학생이 있다. 그는 여자 후배에게 고백을 하려고 할 때 단박에 "나 너 좋아해. 우리 사귀자."라고 말하면 별로다.

이렇게 말 중간에 중단 효과를 넣는 게 좋다.

"언제부턴가 네가 내 눈에 들어오더라. 그래서 하고 싶은 말이 뭐냐하면 …… 실은 너를 좋아해. 우리 사귀자."

수입차 영업 달인으로 유명한 O씨는 이 방법으로 해마다 판매왕의 기염을 토하고 있다. 그는 고객을 만나기 전에 사전에 치밀하게 고객에 대한 조사를 해, 어떤 대화를 할지 미리 준비한다. 한 달에 백여 명의 고객을 만난다는 그는 화술이 매우 뛰어났다. 예기치 않은 돌발변수에도 임기응변이 뛰어났다.

그런 그에게도 대처하기 힘든 고객이 있었다. 처음부터 관심이 없다고 단박에 거절하는 부류이다. 그는 이런 고객에게는 '자이가르니크 효과'를 사용했다. 다음 두 가지 방법을 사용하면, 별 관심이 없던 고객도 귀를 쫑긋 세운다.

첫째, 대화의 클라이맥스 부분에서 멈추기
"이번에 신제품 구매 시에 각종 혜택을 드리고 있습니다. 사장님이 제일 좋아하실 혜택은……. 사장님, 날씨도 더운데 우선 시원한 차를 드세요."

둘째, 대화를 끊고, 다음으로 연기하기
"오늘은 여기까지 말씀드리겠습니다."
"다음 만남에 궁금해하시는 부분을 말씀드리지요."

이 두 가지 방법이 효과가 좋았던 데에는 청개구리 심리도 한몫을 했다. 누구나 하라고 하면 안 하고 싶고, 하지 말라고 하면 반대로 하고 싶은 심리가 있다. 따라서 누군가와 대화가 잘 안 된다면 억지로 대화를 이어가려고 노력하기보다는 반대로 중단하는 방법이 대화에 도움 될 수 있다.

어떻게 하면 상처주지 않고
거절할 수 있을까

아무리 친한 친구나 절친한 동료, 상사라도 무리한 부탁을 다 들어줄 수는 없다. 상황에 맞게 적절히 거절하는 법을 배우면 부탁하는 쪽은 감정이 상하지 않고 또 부탁받은 쪽은 부담에서 벗어나 관계를 해치지 않을 수 있다. 《거절 못하는 나는 분명 문제가 있다》의 작가이자 심리전문가인 박수애는 이렇게 말한다.

"거절은 쓸데없는 약속에 대한 부담을 덜어준다. 약속을 지키는 데는 심리적 압박감이 수반된다. 그러므로 사소한 약속을 자꾸 하고 그 약속을 지키다 보면, 사소한 일까지 요청하고 약속을 받아내는 상대방에게 짜증이 난다. 이렇게 되면 정말 중요한 때 그 사람을 기쁜 마음으로 도와줄 수 없게 되는 것이다. 따라서 정말 좋은 사람이 되는 열쇠는 기분 좋으라고, 또는 안심하라고 순간적으로 남발하는 'YES'가 아니라 바로 적절한 거절에 있다."

어떻게 하면 효과적으로 거절할 수 있을까? 상대가 오해하지 않고 또 관계 단절을 피하는 거절의 말하기 기술이 있다. 다음의 거절 요령 3단계를 참고하자.

첫째, 처음 부탁을 받을 때 좋은 평가를 하라

상대방이 무안하지 않기 위해서이다. 이렇게 말을 하자.

"저에게 관심을 가져주시고 부탁을 해주시다니 영광이네요."

"제 능력을 좋게 봐주셔서 고맙습니다."

둘째, 구체적으로 거절 이유를 밝혀라

모호하지 않고 분명하게 거절할 수밖에 없는 이유를 말해야 한다. 명확하게 예/아니오라고 말하지 않으면 상대방이 자신이 원하는 대로 생각할 가능성이 크기 때문이다. 승낙을 얻었다고 착각할 수 있으니, 이렇게 말을 하자.

"사실, 이번 달에는 일정이 꽉 찼습니다. 휴가도 반납해야 할 처지입니다."

"좀 힘들겠네요. 제가 이 분야에 손을 뗀 지 오래되어서 아는 게 전혀 없습니다."

셋째, 거절의 마무리 단계에서는 절대 농담하지 말고 대안을 제시하라
부탁을 들어주지 못하는 입장에서는 더더욱 진중한 모습을 보여줘야 상대방이 감정을 상하지 않는다. 그래야 거절의 의미도 더욱 확고하게 전달된다. 또한 거절하더라도 인간관계의 끈을 놓지 말아야 하기에 다음을 기약하며, 이렇게 말을 하자.

"다음 달에는 시간적 여유가 있습니다. 그때 한번 연락을 주세요."

"작년에 도와드렸던 일 있잖아요? 그런 일을 더 잘 할 수 있을 것 같습니다."

전문용어 중독증에서
벗어나라

　벤처 기업 대표 J는 미국 유학파 출신으로 국내에서 활동하고 있다. 최근 거액의 투자를 받아 사업 확장에 박차를 가하고 있다. 그런데 회사 내 의사소통에 문제가 생겼다. 앞으로 조직이 더 커질 것을 대비한다면 이 문제를 해결하는 게 시급해 보였다. 그가 고민을 털어놓았다.

　"저는 회사 직원을 가족처럼 생각하고 있습니다. 그런데 직원들이 나와의 대화를 별로 좋아하지 않는 듯합니다. 간혹 내 지시를 엉뚱하게 받아들일 때도 있고요. 대체 문제가 뭘까요?"

　그는 오랜 유학 생활 탓에 한국어가 다소 서툴러서인지 영어를 자주 섞어 말했다. 이 정도는 그의 입장을 고려하면 봐줄 만 했다. 문제는 다른 데 있었다. 그는 대화를 이어갈수록 불필요한 외래어와 이해하기 어려운 전문용어를 남발했다. 박사 학위를 받고 IT 분야 연구원으로 경력을 쌓아온 그에게는 자연스러울지 몰라도 듣는 사람의 입장에서는 이해하기도 어려워 큰 오해를 낳았다.

그에게 이렇게 조언했다.

"말할 때 외래어와 전문용어는 쉬운 말로 바꿔 표현해보세요. 일부 핵심 직원들은 이해할 수 있겠지만 대부분은 이해하기가 힘듭니다. 더욱이 어려운 용어로 지시하면 오해를 만들기 쉬워 회사 운영에도 차질이 생길 수 있습니다. 그러니까 될 수 있는 한 쉽고 익숙한 표현을 사용하세요."

전문용어는 해당 분야를 다룰 때 꼭 필요할 때만 최소한으로 사용해야 한다. 그렇지 않고 유식한 척 습관적으로 어려운 말을 사용하면 상대방이 전부 이해하기 힘들다. 특히 프레젠테이션을 할 때 자신의 지적 수준을 과시하기보다 청중의 연령과 직업군 등을 잘 고려해서 알아듣기 쉬운 용어로 정확하게 하고자 하는 말을 전달하자.

"전문용어 중독자의 모순은 그들이 간단하고 솔직하게 말하는 것을 피하려고 하면서도 그것을 가장 필요로 한다는 점입니다. 감명을 주는 전문용어는 능력이나 전문가적 의견과 같은 가면 뒤에 몸을 숨김으로써, 사람들이 당신을 이해하지 못하게 만듭니다. 회피용 전문용어도 당신이 피하고자 하는 문제를 그저 옆으로 조금 밀어둘 뿐 별로 도움이 안 되죠. 이런 종류의 전문용어는 현실을 덮어 감추어버립니다."

제리 코너Jerry Connor와 리 시어즈Lee Sears가《회사형 인간: 현실과의 타협인가, 성공으로의 변신인가Why Work is Weird?》의 일부 내용이다. 이 책은 자신의 발목을 잡고, 조직과 인간관계의 성공을 막는 전문용어를 피하라고 강조한다.

오해와 불통이 없는 대화를 원한다면, 전문용어를 피해야 하는 이유 4가지를 잘 숙지하자.

첫째, 문제의 핵심에서 벗어나지 않기 위해

둘째, 한 사람이라도 못 알아듣는 사람을 막기 위해

셋째, 더 간단하고 쉽게 말하기 위해

넷째, 유식한 척 보이지 않기 위해

결론을
먼저 말하라

로스쿨 출신의 변호사 L이 고민을 털어놓았다.

"법대 출신이다 보니 논리적으로 사고하는 데 익숙합니다. 그래서 논리적인 면에서는 누구보다 자신 있습니다. 그런데 왜 사람들이 내 말을 잘 이해하지 못하는지 답답합니다. 서론, 본론, 결론 있잖아요? 이 삼단논법에 맞게 말하면 되잖아요?"

나는 이렇게 조언했다.

"삼단논법은 말하기와 글쓰기에서 설득하는 데 중요하죠. 하지만 글쓰기에서는 주로 결론에 핵심이 나오지만, 말하기에서는 맨 앞에 와야 합니다. 형식에 얽매이다 보니까 대화에 문제가 생긴 것 같네요."

　만약 당신이 결론을 이야기의 끝에 자주 둔다면, 대학교에서 보고서와 논문을 쓰면서 삼단논법이 익숙해졌기 때문일 수도 있다. 이는 글쓰기에는 매우 효과적이지만 대화에서는 비효율적이다.

　결론을 뒤로 놓는 원인으로는 우리말의 특성에서도 찾을 수 있다. 영어는 명사 중심의 언어여서 결론에 해당하는 핵심 키워드가 앞에 있지만, 우리말은 동사 중심의 언어여서 뒤에 온다. 이런 우리말의 특성 때문인지 우리나라 사람은 말할 때 무심코 핵심을 뒤에 놓는 경향이 있다.

　하지만 상대가 이해하기 쉽고, 집중할 수 있게 만들려면 두말할 필요 없이 서두에 결론을 말해야 한다. 일상의 대화에서는 물론 분초를 다투는 공식적이며 비즈니스적인 대화에서는 더욱 그렇다. 어느 직장에서는 시간에 쫓기는 CEO에게 1분 안에 보고하는 '엘리베이터 보고'를 활용하기도 한다. 공식적이고 비스니스적인 대화에서는 화려한 말의 기술보다는 짧은 시간 안에 핵심을 전달하는 능력이 더 중요하기 때문이다.

　첫머리에 결론을 두는 말하기는 스티브 잡스가 잘 사용했다. 유명한 2005년 스탠퍼드대학교 졸업식의 연설문 앞부분을 보자.

　"저는 오늘 세계 최고 명문으로 꼽히는 대학의 졸업식에 참석하게 됨을 영광스럽게 생각합니다. 사실 저는 대학을 졸업하지 못했습니다. 태어나서 대학 졸업식을 이렇게 가까이서 보긴 처음이네요. 오늘 내 인생의 세 가지 스토리를 들려주려 합니다. 그것입니다. 다른 대단한 건 없습니다. 그저 세 가지 스토리뿐입니다."

서두에 "오늘 내 인생의 세 가지 스토리를 들려주려 합니다."라고 본문의 내용을 압축해서 언급하고 있다. 그러고 나서 본문을 이야기한다. 본문에서도, 핵심 주제를 맨 앞에 말하는 것을 빠뜨리지 않았다. 다음과 같다.

"첫 번째 스토리는 '점들의 연결'에 관한 것입니다."
"두 번째 스토리는 '사랑과 상실'에 관한 것입니다."
"세 번째 스토리는 '죽음'에 관한 것입니다."

이렇게 핵심을 미리 제시함으로써 자신의 말을 듣는 청중들에게 편의를 주었다. 무슨 말을 할지 핵심을 미리 알고 나서 듣기 때문에 청중의 이해도와 몰입도가 매우 높을 수 있었다. 상대와의 대화를 지속하고자 한다면 결론을 첫머리에 말하는 것을 잊지 말자.

성격 유형에 따라
말도 맞춤형으로

대화를 하다 보면 어떤 사람과는 죽이 척척 맞는다. 반면 어떤 사람과는 사소한 대화에서조차 부딪칠 때가 있다. 자신의 대화법에 문제가 있어서 그럴까? 몸 상태가 들쑥날쑥해서 그럴까? 그 이유는 상대의 성격, 성향, 가치관에 맞추어 대화하지 않았기 때문이다.

라이프 코치는 상담의 효율을 높이기 위해 사람의 유형을 나누어 그에 맞게 상담한다. 이처럼 다양한 성격의 사람과 통하는 대화를 하려면, 상대의 성격 유형을 파악해야 한다. 예를 들어 내향적이고 감수성이 예민한 사람이라면, 과묵하되 상대방의 기분을 잘 파악하여 신중한 대화를 하는 게 좋다. 또한 성격이 활발한 사람이라면, 그에 맞게 열정적 에너지를 담아 목소리 톤을 높여서 이야기하는 게 좋다.

특히, 영업을 하는 사람들은 고객의 성격 유형을 잘 파악한 후 그에 맞게 대화해야 좋은 성과를 낼 수 있다. H 자동차 지점장은 매해 전국 판매왕으로 뽑혔는데, 그의 영업 비결도 고객의 성격 유형 파악에 있었다. 그는 이렇게 말했다.

"고객은 크게 4가지 유형이 있습니다. 그 유형에 맞추어 대화를 건네야 고객의 마음을 얻을 수 있습니다. 고객의 다양한 성격을 무시하고 대화하는 건 고객의 취향을 무시하고 일방적으로 음식을 권하는 것과 같아요. 이래서는 절대 고객의 마음을 훔칠 수 없죠. 고객이 좋아하는 음식이 무엇인지를 알아내어 그에게 그 음식을 차려준다고 해보세요. 고객이 얼마나 좋아하겠습니까?"

이는 인간관계의 모든 대화에 통한다. 부부 관계, 연인 관계, 이웃 관계, 사제 관계, 직장 동료와 상사 관계, 영업자와 고객 관계 등 어디에서든 활용할 수 있다. 상대방의 마음과 통하고, 그 마음을 원하는 대로 훔치고자 한다면 성격 유형 파악은 필수적이다.

관계의 결실을 얻기 위해 숙지해야 할 네 가지 성격 유형과 그에 따른 대화 요령을 잘 참고하자.

첫째, 분석가형

이 성격은 세밀하고 꼼꼼하게 사고한다. 엔지니어 분야의 업무에 적합한 성격이다. 이 유형은 대화할 때 세세한 것까지 신경 쓰고 논리적 근거를 제시하며 말한다. 이 사람의 마음을 얻는 대화를 하려면 이렇게 하자.

"이번 일은 세 가지 면에서 꼼꼼하게 살펴봐야 합니다."

"제가 구체적인 근거를 말씀드리자면……."

둘째, 공상가형

이 성격은 아이디어가 많고 창의적이다. 창의적인 예술 분야의 업무에 적합하다. 이 유형은 대화할 때 정해진 틀에서 벗어나 자유롭게 자신만의 생각을 내놓는다. 이 사람의 마음을 얻는 대화를 하려면 이렇게 하자.

"날씨가 좋네요. 유리창 밖을 보세요."

"분위기 좋은 곳에 가서 대화하시죠?"

셋째, 설득가형

이 성격은 사교적이고 낙관적이다. 영업 분야의 업무에 적합하다. 대화할 때 상대와의 공감을 중시하며 칭찬을 받으면 더 활력이 살아나는 유형이다. 이 사람의 마음을 얻는 대화를 하려면 이렇게 하자.

"역시, 소문대로 대단하시네요."

"허심탄회하게 이야기를 해봅시다."

넷째, 관리자형

이 성격은 결과 지향적이며 직선적이다. 그래서 관리직에 적합하다. 이 유형은 대화할 때 계획에 따라 차질 없이 착착 진행되길 바라며, 자신의 능력을 인정받기 원한다. 이 사람의 마음을 얻는 대화를 하려면 이렇게 하자.

"덕분에 매번 감사합니다."

"무엇보다 이익이 얼마나 나느냐가 중요하겠죠? 다른 건 부수적이죠."

낭독하고
녹음해서 들어라

"교사 임용시험에 합격했는데 말투가 어눌해서 고민입니다."

"사무직에서 영업직으로 발령이 났는데 말주변이 없어서 어떡하죠?"

이들의 문제점은 말을 자주 할 환경에 있지 않았다는 데 있다. 교사 임용시험에 합격한 분은 수년간 임용고시 공부를 하느라 학생들 앞에서 강의한 경험이 매우 적었다. 주로 책상에 앉아서 책과 씨름하다보니, 자신의 말투를 고칠 수 있는 시간적 여유가 없었다. 영업직에 발령 난 분도 그렇다. 원래 그는 사무직으로 일하면서 타인과 자주 말을 할 필요가 없었다. 그래서 말주변 없는 게 크게 불편하지 않았다. 하지만 영업직으로 인사이동이 되자 말주변이 없는 게 큰 문제가 되었다.

이처럼 말을 못하는 주요 원인으로 평소 타인과 자주 대화를 하지 않은 것을 들 수 있다. 많은 대화 경험이 있어야 능숙하게 말할 수 있는데, 개인적인 이유나 직업적 특성상 어려울 때가 많다.

그렇다면 평소 타인과 자주 대화할 기회가 없는 사람은 어떻게 말하기 능력을 높일 수 있을까? 이들에게는 글을 낭독하고, 그걸 녹음해서 듣는 방법이 효과적이다. 내가 성우로 활동했을 때 활용했던 방법이기도 하다. 아무리 좋은 목소리라고 해도 갈고닦지 않으면 금방 녹슬고 만다. 그래서 나는 책의 좋은 글귀를 3분 정도 낭독하고, 그걸 녹음해서 듣기를 반복했다. 그러한 반복 훈련이 정확한 발음과 듣기 좋은 목소리를 만들자 대화에 자신감이 붙었고, 남들 앞에서 말하는 것까지 도전해서 리포트, MC, 프레젠터, 강사 등으로 활약할 수 있었다.

낭독을 하려면 우선 책이나 신문칼럼 등에서 마음에 드는 글을 뽑아야 한다. 3분 정도 낭독할 수 있는 약 800~900자 정도의 분량이 좋다. 그 이상 긴 글은 바람직하지 않다. 그다음 그 글을 3분의 시간을 지켜서 또박또박 읽어나가면 된다. 특히, 어미 '~다.', '~요.'를 또렷이 발음하는 데 유념하자.

또한, 낭독할 때 거울을 보면서 표정, 입 모양, 자세 등을 잘 관찰하여 보완할 부분은 고치자. 더불어 사람들 앞에서 말을 하는 상상을 하는 것도 실전에 큰 도움이 된다.

낭독 훈련은 그 자체로도 의미가 있지만, 낭독한 것을 녹음해서 듣는 게 더 바람직하다. 사실 녹음기에서 나오는 자신의 목소리가 무척이나 생경하게 느껴질 것이다. 그런데 그게 진짜 내 목소리다. 사람들은 그 목소리를 듣고 있다. 따라서 낭독한 것을 녹음해서 들으며 문제점을 고쳐나가는 데 활용하자. 목소리, 발음, 전달력 등 여러 면에서 고칠 부분을 찾을 수 있을 것이다.

이렇게 틈틈이 3분간 낭독하고, 녹음한 것을 들으면서 개선해나가면 말하기 능력이 몰라보게 향상된다. 더불어 어떤 상황, 어떤 장소에서 그 누구를 만나더라도 주저하지 않고 능숙하게 대화할 수 있다. 이 연습을 많이 하면 할수록, 사람들은 당신을 대화의 달인이라고 말할 것이다.

화술의
롤모델을 정하라

어느 분야에나 그 분야의 지망생들에게는 롤모델이 있다. 가수 지망생, 연기자 지망생, 아나운서 지망생, 쇼핑호스트 지망생 등 대부분 특정 인물을 롤모델로 삼아서 그와 닮아가고자 한다. 이는 마냥 어떤 분야의 최고가 되겠다고 마음먹는 것보다 여러모로 도움이 된다. 롤모델로 세운 특정 인물의 숙련된 기술을 따라 하면서 자신의 능력 또한 최고치로 높일 수 있기 때문이다.

아나운서 지망생이라면 손석희나 김주하 아나운서를 롤모델로 삼아 말의 노하우를 따라 해볼 수 있다. 아나운서들이 꼽는 가장 말을 잘하는 손석희 아나운서를 롤모델로 삼는다면 어떤 점을 배울 수 있을까? 논리적인 질문과 중립적인 태도를 배울 수 있을 것이다. 그는 2001년 MBC 라디오 〈손석희의 시선집중〉에서 여배우 브리지트 바르도Brigitte Bardot와 개고기 논쟁에 대해 전화 인터뷰를 하면서, 차갑고도 이성적인 목소리로 송곳 같은 질문을 던졌다.

"인도에서는 소를 먹지 않는다고 해서 다른 나라 사람들이 소를 먹는 것에 대해 반대하지 않습니다. 이러한 문화적인 차이에 대해 인정하실 생각이 없으십니까?"

"한국에서 개고기를 먹는 사람이 얼마나 된다고 생각하십니까?"

그러자 브리지트 바르도가 흥분하면서 전화를 끊어버렸다. 손석희 아나운서는 특정 정당이나 특정 이념을 지지하는 발언을 하지 않는 중립적인 태도를 견지하는 것으로도 유명하다. 이는 일상생활에서도 엄격하게 지켜지고 있다. 개인적 친분이 있는 사람이라도 정치적 오해를 살 수 있는 때에는 식사요청을 단호하게 거절한다고 한다.

김주하 아나운서는 아나운서를 지망하는 여학생들의 첫 번째 롤모델로 손꼽힌다. 김주하 아나운서에게서는 신뢰감을 주는 중저음 목소리를 배울 수 있다. 이 목소리는 교양 프로그램이나 MC, 라디오 DJ, 쇼프로그램의 리포터를 할 때는 약점으로 작용하기도 했다.

하지만 뉴스 앵커를 맡자 신뢰감을 주는 목소리가 단연 돋보였다. 그 중저음 목소리가 지금의 김주하를 만들었다.

그 외의 분야에서도 마찬가지다. 자신이 본받고 싶은 스피치 롤모델을 세우면 말을 잘 하는 데 도움이 된다. 방송에서 열광적으로 강연하는 스타 강사라든지, 대학교 강단에서 뛰어난 언변을 자랑하는 교수나 비즈니스계에서 설득을 잘하기로 소문난 마케터를 롤모델로 삼아보자. 그러고 나서 그들의 말하는 법을 분석하여, 장점을 내 것으로 소화해보자.

말하는 요령, 얼굴 표정, 제스처뿐만 아니라 그들의 생활습관마저 따라 해 보자. 그러노라면 빠르게 자신의 말하기 능력이 향상될 것이다. 롤모델은 말하기를 훈련하는 데 강력한 목표로 작용한다는 걸 기억하자. 세계적인 성공학의 대가 브라이언 트레이시Brian Tracy는 말했다.

"목표가 없는 사람은 목표가 있는 사람을 위해 평생 일해야 하는 종신형에 처해 있다."

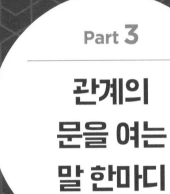

Part **3**

관계의
문을 여는
말 한마디

어떤 말을 할지 정하는 건 바로 그 사람의 인격이다.

곧, 인격에 따라 말이 달라진다.

인격 모독, 비판하는 말, 헐뜯는 말, 교만한 말을 자주 하는 사람은

본인의 인격에 문제가 있지 않나 살펴봐야 한다.

말은 인간관계뿐만 아니라 상대방의 삶을 뒤흔들 정도로 힘이 있기 때문이다.

말은
그 사람의 인격이다

"야, 이 자식아."

"이게 어디서 말대꾸야. 버르장머리 없이."

"아무리 노력해도 안 돼요. 난 정말 무능한 것 같아요."

주변에서 흔하게 들을 수 있는 말들이다. 첫 번째는 비속어이고, 두 번째는 상대를 무시하는 말이며, 세 번째는 자신을 비관하는 말이다. 많은 사람이 이런 말을 심심치 않게 내뱉고 있다. 말은 내뱉으면 그냥 허공에서 사라지는 것일 뿐이라고 생각하면서 말이다.

그런 생각은 잘못되었다. 말은 입으로 하는 게 아니다. 입은 말을 만들어내는 곳일 뿐이다. 어떤 말을 할지 정하는 건 바로 그 사람의 인격이다. 곧, 인격에 따라 말이 달라진다. 따라서 인격을 담는 그릇인 말을 신중하게 해야 한다.

인격 모독, 비판하는 말, 헐뜯는 말, 교만한 말을 자주 하는 사람들은 인격적으로도 문제가 많다. 이들은 폭력적이고, 부정적이며, 자기 우월적인 성향을 가지고 있기 때문에 말에 드러나는 것이다. 자신을 비판하는 말을 자주 하는 사람도 그렇다. 부정적인 성향을 가지고 있기에 자신은 물론 타인까지 부정적으로 바라본다.

반면 인격자라고 생각될 정도로 말을 점잖고 깍듯하게 하는 경우도 있다. 교육자 집안 출신의 40대 기업가 K가 그랬다. 그는 직원은 물론 나이 어린 사람에게도 늘 존댓말을 했다. 심지어 언쟁이 일어날 때조차 존댓말을 사용했다. 한 번은 그가 거래처 대표와 설전을 벌였다. 머리가 희끗희끗한 60대 거래처 대표의 입에서는 쌍욕과 고함이 쏟아져 나왔다. 그런 모욕적인 발언 속에서도 K의 입에서는 존댓말이 끊이지 않았다. 존댓말을 계속 사용한 그는 평정심을 잃지 않고 조목조목 자기 입장을 잘 설명할 수 있었다. 겸손한 말 덕분에 거래처 대표와 사소한 오해가 풀리면서 K씨의 견해대로 해결점을 도출할 수 있었다. 그 결과 서로에게 도움이 되는 관계임을 확인하면서 거래를 이어가기로 했다.

만약, '눈에는 눈, 이에는 이'의 태도로 서로 모욕적이고 폭력적인 말을 해서 감정을 상하게 했다면 어떻게 되었을까? 갈등의 해법을 찾지 못했을 것이다. 끝까지 상대를 존중하려는 자세로 존댓말을 사용했기에 좋은 결과가 나올 수 있었다.

　"같은 말을 만 번 반복하면 반드시 미래에 그 일이 이루어진다."

　인디언 금언이다. 이를 비과학적이라고 볼지도 모르겠다. 하지만 절대 그렇지 않다. 몇 년 전 MBC에서 방영한 〈말의 힘〉 실험 다큐멘터리가 이를 입증한다. "고맙습니다"라고 말한 병 속의 쌀밥에는 뽀얀 누룩이 생겼고, "짜증 나"라고 말한 병 속의 쌀밥은 썩어서 곰팡이가 생겼다. 말의 에너지는 사람에게만 전달되는 것이 아님을 알 수 있다.

　따라서 함부로 말을 내뱉지 말아야 한다. 부정적인 언어 습관은 타인의 마음을 다치게 할 뿐만 아니라, 자신의 마음도 다치게 한다. 말은 인간관계뿐만 아니라 상대방의 삶을 뒤흔들 정도로 힘이 있다. 그렇기에 우리는 상처주지 않는 말을 하기 위해서 늘 신경 써야 한다. 인격을 다스리는 훈련을 통해 긍정적인 에너지를 담은 말을 하면 멋진 외모 이상으로 타인에게 호감을 줄 수 있다.

　"세 번 생각한 후에 한 번 말하라三思一言."

　공자의 말처럼, 인격적으로 성장한 사람의 말은 큰 힘이 있다.

거절을
두려워하지 마라

"누군가에게 말을 거는 게 두렵습니다. 어떻게 하면 좋을까요?"

내게 대화법 강의를 들은 직장인이었던 그는 강의가 끝날 즈음 스피치 실습에서 최고점을 받았다. 그는 말할 때 긴장하지도 않고, 좋은 목소리로 자신의 생각을 조리 있게 표현했다. 그래서 일상은 물론 직장 생활에서 언변이 뛰어난 사람으로 인정받기에 충분해 보였다. 그런 그에게서 의외의 고민이 나왔다. 대화 끝에 해법이 무엇인지 분명해지자, 이렇게 말했다.

"모든 사람이 좋아하는 사람은 없습니다. 따라서 모든 사람으로부터 인정받을 필요가 없어요. 이는 대화에도 적용됩니다. 아무리 말을 잘하는 분이라도 누군가에게 말을 걸었을 때, 그 사람으로부터 백 프로 OK를 받을 수 없다는 말입니다. 어떤 분은 호의적으로 나오겠지만 그렇지 않은 분도 있습니다. 그러니까 타인에게 말을 걸 때 절대 거절당할까 봐 걱정하지 마세요. 중요한 건 거절당해도 담담히 받아들이는 겁니다."

아무리 말을 잘하는 노하우를 습득해도 막상 누군가에게 말을 걸 때는 심장이 쿵쾅거린다. 마치, 좋아하는 이성에게 고백할 때처럼 말이다. 이때 고백하는 사람은 상대가 혹시 거절할까봐 두려움에 사로잡힌다. 이처럼 평소 안면이 있는 사람이어도 두려운데, 낯선 사람에게 말을 걸 때는 거절을 당할지 모른다는 걱정이 앞선다. 하지만 거절당할 수 있다고 겸허하게 받아들이는 자세를 가져야 한다.

말 잘하기로 둘째가라면 서러울 정도로 뛰어난 언변을 자랑하는 영업 달인들도 하나같이 '영업은 확률'이라며 다음과 같이 말한다.

"아무리 영업이 뛰어난 달인도 20명 중 1명에게는 퇴짜를 맞습니다. 반대로 아무리 초짜 영업자라고 해도 20명을 만나면 1명은 물건을 사줍니다."

영업자는 고객을 만날 때 퇴짜 맞을 수 있다는 자세로 일한다. 상대의 반응에 실망하거나 겁을 먹기보다는 꾸준히 많은 고객을 만나는 것에 집중하는 것이 중요하다.

서로 코드가 맞지 않는다.

상대방이 대화를 꺼리는 사람이다.

상대가 대답하기 어려운 질문을 했다.

상대가 반응할 가치가 없는 이야기를 했다.

내 첫인상이 좋지 않았다.

대화가 이루어질 상황이 아니다.

대체로 이러한 이유 때문에, 대화가 진전되지 않을 때가 있다. 물론 대화의 문제점을 분석해서 고쳐나가는 노력도 필요하다. 그러나 원천적으로 대화가 이루어질 수 없는 상대도 있다는 점을 인식하는 것 또한 중요하다. 그래서 대화가 진전되려면 상대방이 대화에 호의적인 사람인지를 파악하는 것도 방법이다. 미소를 띠면서 상대방의 눈을 바라보며 천천히 다가가보자.

상대와의 공통점을
발견하라

"어제 계룡산에 등산을 갔다 왔습니다. 그랬더니 몸이 개운하고 좋네요."

"등산을 좋아하시나 보죠? 저도 등산을 좋아해서 북한산에 시간 날 때마다 오릅니다. 선생님은 등산을 자주 하셔서인지 건강이 좋아 보이십니다. 나이에 비해 훨씬 젊어 보이십니다."

"아 그렇습니까? 젊어 보인다니 기분이 좋네요. 등산을 좋아하는 분을 만나니 뭔가 잘 통할 것 같네요."

"저도 대화가 잘 될 것 같은 생각이 듭니다."

이처럼 누군가와 처음 만났을 때 '공통점 찾기'를 통해 대화를 잘 풀어갈 수 있다. 특히 비즈니스 목적으로 누군가를 만났을 때, 처음부터 본론을 이야기하면 좋은 결과를 얻기 힘들다. 상대와의 공통점을 찾아서 대화를 이어가면, 상대의 호감을 얻을 수 있다. 사람은 누구나 자신과 비슷한 성향과 관심사를 가진 사람에게 더 끌리기 마련이다. 심리학에서는 사람이 자신과 비슷한 사람에게 호감을 느끼는 것을 '유사성의 법칙'이라고 한다. 따라서 누군가에게 다가가 말을 걸 때, 상대와의 공통점을 우선적으로 찾아내자.

예를 들어 좋아하는 음식으로는 다음과 같이 대화를 이어갈 수 있다.

"좋아하는 음식이 뭐예요?"

"김치찌개를 좋아합니다."

"아 그러시구나. 저도 김치찌개를 좋아합니다. 제가 김치찌개를 잘 하는 가게를 아는데 괜찮으시다면 소개해드리고 싶네요."

그런데 만약 공통점을 찾으려고 이것저것 물어보았지만 아무런 공통점을 찾지 못할 때는 어떻게 하면 좋을까? 첫 번째 방법은 누구에게나 해당되는 보편적인 관심사로 말을 꺼내는 것이다. 여행, 즐거운 일, 휴가, 자가용, 지하철, 비행기, 기차, 일, 취미, 자연, 유행, 말, 친구, 학교, 직장, 스포츠, 자녀, 가족, 뉴스, 패션, 맛집, 좋아하는 음식, 건강, 집 등의 화제로 말을 꺼내면 된다.

덧붙여 피해야 하는 주제도 기억하자. 종교, 정치, 돈, 가족, 학벌, 성에 관한 이야기는 가깝지 않은 사이에서는 무례하다. 상대방의 감정을 상하게 하는 말을 하지 않기 위해 늘 주의하도록 하자.

두 번째 방법은 상대방의 관심사에 자신을 맞추는 것이다. 순발력 있게 대처하는 게 중요하다. 만약 자신은 야구에 관심이 없지만 상대가 삼성 야구단 골수팬이라면, 삼성 야구단에 대한 관심을 표시하자.

"올해는 승률이 좋더라고요. 어떤 타자 하나 막힘 없이 타율이 좋더군요."

"이승엽은 백 년에 한 번 나올까 말까한 선수죠."

이렇게 적절하게 상대의 관심사에 대해 긍정적인 반응을 하면 상대는 마음의 빗장을 스르르 열고, 옛 친구를 만난 듯 정겹게 대할 것이다.

여러 권의 대화법 책을 읽고 스피치 학원에서 공부까지 했지만 대화를 잘 못 하는 사람들이 있다. 이들은 다양한 대화법 이론은 충분히 알고 있다. 그런데도 다양한 대화의 소재가 되는 이야깃거리를 준비하는 데 무심했기 때문이다. 대화 공식만으로는 부족하다.

아무리 레시피를 정확히 알고 있는 셰프라도, 풍부한 요리 재료가 있어야 최고의 요리를 만들 수 있는 것과 같은 이치이다.

대화의 달인은 상대를 만나기 전에 미리 상대의 관심사를 파악해, 그것을 자신의 것으로 만든다. 그런 후 상대를 만났을 때 자연스럽게 공통점을 이끌어내기도 한다. 만약 자신은 골프를 전혀 못하지만, 상대가 골프광이라면? 미리 스크린 골프장에 등록해 연습한 후 상대를 만나면 골프를 매개로 이야기를 잘 끌어갈 수 있다. 이렇듯 상대와의 공통점은 대화의 물꼬를 트는 데 매우 중요하다.

칭찬에도
요령이 있다

서울의 모 실버 아카데미에서 진행하는 강의에는 현역에서 은퇴한 60대 후반의 어르신들이 많이 참석했었다. 자칫 분위기가 다운되면 좋은 강의를 할 수 없기 때문에 효과적으로 사용하는 게 칭찬이다.

"머리를 커트하셔서 젊어 보이세요."

"피부가 어쩜 이렇게 좋으세요."

"모자가 정말 잘 어울리시네요."

이런 말을 건네면 즉각 반응이 나온다. 어르신들이 기분이 좋아져서 서로 대화를 나누고, 농담을 주고받는다. 이와 함께 강의에 대한 집중도가 훨씬 높아진다. 그래서 강의 내내 화기애애한 분위기를 이어갈 수 있다.

이렇듯, 누구나 칭찬을 받으면 기분이 좋아진다. 따라서 뻣뻣하게 말없이 서 있거나 무슨 말을 해야 할지 몰라 머뭇거릴 때, 주저하지 말고 칭찬을 하자. 그러면 대화가 순탄하게 펼쳐진다.

칭찬은 아무런 준비 없이 하면 안 된다. 칭찬은 상대의 장점을 구체적으로 찾아내어, 진심으로 해야만 상대에게서 좋은 호응을 받을 수 있다. 두루뭉술하게 칭찬하면 상대에게서 아무런 반응을 얻을 수 없다. 상대는 '진심을 담지 않고 상투적으로 칭찬하는구나'라고 생각할 뿐이다.

2017년 9월 방송된 SBS〈미운 우리 새끼〉에서 이상민과 사유리 가족이 나눈 대화에서도 칭찬의 효과를 잘 볼 수 있다. 사유리 부모님은 특히 스마트폰의 번역기 앱을 사용해가며 적극적으로 대화를 주도했다. 이상민에게 호감을 표시하던 부모님은 이상민과 딸에게 "두 사람은 왜 결혼을 안 하냐. 지금이라도 괜찮다"라고 말을 건넸다. 이에 이상민은 "사유리가 나한테 과분하다"라며 자신을 낮췄다. 또한 사유리 어머니는 이상민이 잠시 자리를 비운 사이 "옛날부터 열심히 일했지. 성실하더라"라며 이상민에 대한 칭찬을 아끼지 않았다. 이렇듯 칭찬은 당사자 앞에서든 당사자가 없는 자리에서든, 긍정적인 대화를 이끌어내는 좋은 도구이다.

황금말투

칭찬을 잘할 수 있는 4가지 요령이 있다. 이를 참고해, 대화할 때 실천에 옮겨보자. 이렇게 하면 머지않아 당신은 많은 사람으로부터 호감을 얻는 사람이 될 것이다.

첫째, 상대의 장점을 찾는다

칭찬하기를 어려워하는 사람들이 공통적으로 하소연하는 말이 상대에게서 칭찬할 게 없다는 것이다. 하지만 상대에 애정어린 관심을 갖지 않았기 때문에 칭찬거리를 찾지 못한 것일 뿐이다. 칭찬거리는 곧 상대의 장점이다. 상대에게 관심을 기울이다보면, 남보다 더 나은 장점을 발견할 수 있다. 외모에서부터 습관, 능력, 성품 등 여러 면에서 구체적으로 장점을 콕 집어내자.

둘째, 다양한 칭찬 표현을 익힌다

직장 상사가 직원들에게 항상 "잘했어"라는 말로 칭찬하면 직원들은 싫증을 낸다. 다양한 표현을 사용해야 칭찬받는 사람이 진심의 칭찬이라고 느낀다. 어떠한 업무 내용이 좋은지 조금만 신경을 쓰면 여러 가지 표현을 쓸 수 있다.

셋째, 칭찬의 수위 조절을 한다

칭찬은 아부와 다르다. 칭찬은 사실에 근거해 진심을 담아 상대의 장점을 높이 평가하는 것이다. 하지만 과장되게 칭찬하면 할수록 진심이 사라져버린다. 정도를 지나치지 않게 진심을 담는 게 중요하다.

넷째, 꾸준히 칭찬을 실천한다

칭찬도 많이 해본 사람이 잘한다. 따라서 어떤 상황에서, 어떤 사람을 만나도 즉각 칭찬할 수 있도록 연습해야 한다. 이를 위해서 일상에서 상대의 장점을 발견하는 습관을 기르자.

대화의 윤활유,
맞장구

이금희 아나운서는 따뜻하고 정감 있는 목소리로 정평이 나 있다. 이러한 그녀의 장점은 특히 게스트와 대화를 나눌 때 더욱 빛난다. 그녀의 목소리가 돋보여서 그런 게 아니다. 그녀는 거의 말을 하지 않는다. 대신 이런 맞장구를 자주 사용한다.

"어머, 저런 저런"

"아, 그랬구나."

"오호, 그래서요?"

이러한 리액션을 통해 게스트가 편하게 자신의 이야기를 할 수 있도록 한다. 일반인은 방송 촬영이 낯설어서 긴장감 때문에 속 이야기를 잘 못할 때가 많다. 이런 게스트의 입장을 잘 배려해주는 게 맞장구이다. 이금희 아나운서는 동네 언니나 누나처럼 포근하게 맞장구를 쳐준다. 그러면 게스트는 진행자가 자신의 말을 잘 들어준다는 생각에 긴장이 풀려서 대화가 물 흐르듯이 이어질 수 있다.

모 의료기기 판매원 S가 판매왕이 될 수 있었던 데에도 맞장구가 한몫했다. 그는 종종 회사 대표로 입찰 프레젠테이션을 맡기도 했는데, 그가 병원을 방문해 병원장을 만날 때는 많은 말을 하지 않았다. 대신 상대가 말을 많이 하게끔 맞장구를 쳤다.

"그렇군요. 잘 되었습니다."

"그런 일이 있으셨군요."

"그래서요?"

이렇듯 맞장구는 말하는 사람으로 하여금 흥이 돋게 만들어 더 말하게 만드는 윤활유 역할을 한다. 만약, 자신이 말을 하는데 상대가 전혀 리액션하지 않는다면 기분이 좋지 않을 것이다. 마치 벽에 대고 혼자 말하는 것과 같으니 말이다. 따라서 대화를 잘 이어가기 위해서는 상대방에 맞게 맞장구를 쳐야 한다. 과장되지 않은 맞장구와 함께 고개도 끄덕이자. 긍정적인 맞장구의 예를 잘 참고하자.

동감의 맞장구: 그렇죠, 오호, 정말

경탄의 맞장구: 네에?, 와아, 대단하네요.

관심의 맞장구: 그래 그래, 그래서요?, 으응

동정의 맞장구: 저런, 힘들겠네요. 안타깝네요.

맞장구를 적절히 활용하면 상대를 내 쪽으로 유도할 수 있다. 미국 노스캐롤라이나대학의 체스터 인스코C.Insko 박사는 흥미로운 실험을 했다. 그는 학생 175명을 무작위로 뽑아 그들에게 전화를 걸었다. 이때 대화를 하는 도중에 맞장구를 넣기로 했다. 학생이 자기 마음에 드는 이야기를 하면 "정말이야", "대단해"와 같은 긍정적인 맞장구를 쳤고, 마음에 들지 않는 이야기를 하면 "흠", "쯧쯧"과 같은 부정적인 맞장구를 쳤다. 그러자 부정적인 맞장구를 들은 학생들이 차츰 박사의 긍정적 반응에 맞춰 이야기하기 시작했다. 박사의 입장을 고려해 박사가 좋아하는 말을 많이 하게 되었다. 이처럼 긍정적인 맞장구와 부정적인 맞장구를 잘 사용하면, 상대가 자신이 원하는 방향으로 말하게 된다.

이는 협상이나 토론 등에서 입장이 다른 사람과 대화할 때 적용할 수 있다. 대화를 할 때 말만 잘해서는 상대가 좋아하지 않는다. 상대의 마음에 쏙 드는 사람은 맞장구를 잘 치는 사람이다.

좋은 질문,
나쁜 질문

이름이 뭐예요?

몇 살이에요?

사는 곳은 어디에요?

가수 포미닛의 노래 '이름이 뭐예요?'의 일부 가사이다. 이성에게
관심이 생기면 다들 이런 질문을 한다. 연애에 도가 트인 남자라면
관심 있는 여성에게 다가가 뜬금 없이 "술 한잔 하자", "시간 좀 내
달라"라고 말하지 않는다. 우선 상대방에게 관심을 갖고 있다는 걸
피력하는 게 순서다.

이렇듯 관심을 갖고 있는 사람과 대화를 하려고 할 때, 질문이 효과적이다. 질문을 하면 대화 주도권이 말을 건 사람으로부터 말을 건네받은 사람으로 넘어가기 때문에 질문 받은 상대가 대화에 호의적으로 응한다. 이렇듯 질문은 대화를 활기차게 한다.

　캐나다 출신의 동기 부여가인 브라이언 트레이시 또한 질문을 강조한다. 그는 타인에 대한 감정이입을 연습하고 표현하는 가장 좋은 방법은 적절한 질문을 하고 그 대답을 경청하는 것이라고 했다. 또한 말하려고 하기보다 주로 들으라고 강조하면서, '우선 이해하려고 하라. 그 다음에 이해시켜라'고 말했다.

　질문은 상대가 대답하기 쉬운 것으로 해야 한다. 그래야 상대가 질문에 적극적으로 답할 수 있다. 어렵고 추상적인 질문을 했다간 상대로부터 퇴짜를 맞고 만다. 상대가 쉽게 답할 수 있는 질문에는 세 종류가 있다. 이 세 가지를 상황에 따라 상대에게 던져보자. 상대는 자신이 관심받는 걸 알고 순순히 대화의 초대장에 응할 것이다.

첫째, 상대의 관심사에 대한 질문

상대가 책을 좋아한다면 이렇게 질문하자.

"요즘 읽고 계신 책은 어떤 건가요? 어떤 책을 좋아하시나요?"

상대가 바둑 고수라면 이렇게 질문하자.

"바둑을 잘 두시네요. 언제부터 바둑을 하셨습니까?"

둘째, 음식이나 음료에 대한 질문

상대와 함께 식사할 기회가 생긴다면 이렇게 질문하자.

"어떤 종류의 음식을 좋아하시나요? 혹시 싫어하는 음식이 있으신가요?"

음식에 대한 이야기는 누구에게나 통할 수 있다. 이런 질문도 가능하다.

"좋아하는 과자 있으신가요? 요리하는 것을 좋아하시나요?"

셋째, 상황에 대한 질문

상대가 주변을 자주 두리번거린다면 이렇게 질문하자.

"여기가 초행길이신가 보죠?"

상대가 영화관 안의 포스터를 유심히 보고 있다면 이렇게 질문하자.

"이런 장르의 영화를 좋아하시나요?"

이와 함께 질문할 때, 상대가 '네', '아니오'로 대답할 수 있는 닫힌 질문은 피하자. 이런 답이 나오고 난 후에는 더 이상 대화가 진전되지 않기 때문이다. 닫힌 질문의 예를 들어보자.

"부산에서 서울로 비행기 편으로 오셨습니까?"

"네."

"오늘은 회사 일을 안 하십니까?"

"네."

"그럼 집에서 쉬십니까?"

"아니오."

이렇게 대화가 단조롭게 이어지다가 결국에는 끊기고 만다. 이를 열린 질문으로 바꾸면 대화가 더 풍요로워지고, 끊김 없이 이어진다.

"부산에서 서울까지 어떤 교통수단을 이용하셨습니까?"

"KTX를 타고 왔습니다."

"KTX 요금이 비행기 요금보다 훨씬 저렴하죠?"

"그렇죠. 바쁘지 않을 때는 KTX가 낫습니다."

비밀을
공유하라

제2차 세계대전 때다. 스파이가 적군에 잡혔을 때 생존 기술로 사용한 대화 기술이 있다. 심문관이 자백을 유도하면서 스파이에게 강도 높게 고문할 때를 대비한 것이다. 극심한 고문으로 생명이 위태로워질 때 스파이는 이렇게 말했다.

"이건 비밀인데 내가 스파이가 된 이유는……"

"지금부터 하는 말은 아무에게도 하면 안 됩니다. 내가 여기로 오게 된 건……"

그러고는 스파이가 비밀을 지켜주라고 덧붙여 말했다. 그러자 심문관은 스파이와 공모자가 된 듯한 기분이 들었다. 마치 들키면 안

될 일을 스파이와 함께 한 것 같았다. 그러자 심문관은 더 이상 위협적인 고문을 하지 않았다. 심문관과 스파이가 비밀을 매개로 서로 연대 의식을 갖게 되었기 때문이다.

이러한 비밀 공유의 대화법은 누군가와의 친밀감을 급속도로 높여준다. 이 방법으로 상대의 마음을 끌어낼 수 있다. 나의 경우, 강의 제안을 요청하는 기업체 교육 담당자를 만날 때 자주 활용하곤 한다. 기업체 규모가 클수록 사내 강의 경쟁자가 많으므로 아무리 뛰어난 강사라 해도 안심할 수 없다. 그래서 기업체 교육 관계자에게 이런 말을 통해 끈끈한 친밀감을 만든다.

"이건 비밀인데요, 지금 저는 유명 스피치 강사이지만 몇 년 전만 해도……"

"원래 이런 이야기는 아무한테나 하면 안 되는 건데 실은……"

이렇게 하면, 교육 담당자는 그런 일이 있었냐면서 반드시 비밀을 지키겠다고 한다. 이렇게 되면 기업체의 강의를 따내는 게 크게 어렵지 않다.

비밀 공유의 대화법은 회사 내에서 소통할 때, 혹은 고객에게 영업을 할 때에도 상대로부터 호감을 얻을 수 있는 효과적인 기법이다. 만약, 사내에서 가까워지고 싶은 동료가 있다고 하자. 그러면 그에게 이렇게 말을 하자.

"지금부터 하는 말은 비밀이야……"

"너에게만 하는 말이니까 다른 직원들에게는 말하지 말아……"

이렇게 운을 띠우면 상대와 은밀한 관계를 맺을 수 있다. 수많은 직원들 사이에서 비밀을 연결 고리로 끈끈한 관계를 맺을 수 있다. 이 관계는 피붙이나 고향 친구, 동창 이상으로 결속력이 강하다.

만약, 고객의 마음을 얻고 싶다면 이렇게 말하자.

"이 서비스 혜택은 절대 아무에게도 말하면 안 됩니다."

"고객님, 이건 저만 알고 있는 특급 비밀인데요."

이렇게 말하면, 멀뚱히 쳐다보던 고객의 태도가 변한다. 마음의 결정을 하지 못했던 고객의 가슴에 '자신과 영업자는 하나다'라는 연대의식이 싹튼다. 그렇기에 영업자를 그냥 돌려보낼 리 만무하며 계약이 성사될 가능성이 크다.

비밀을 공유할 때는 자신의 개인적인 비밀을 털어놓는 게 좋지만, 적당히 흘려도 좋을 만한 것을 선별해서 말하자. 이와 함께 공유하지 말아야 할 주제로 타인을 비방하고 헐뜯는 이야기와 조직 내의 극비 사항이 있다. 이는 절대 언급하지 말아야 한다.

나의 이름을
불러줄 때 VIP가 된다

2014년, 아베 신조安倍晉三 일본 총리와 버락 오바마 미국 대통령이 정상 회담을 했다. 회담이 끝난 후, 둘은 기자들 앞에 나서서 공동기자회견을 했다. 이때 아베 신조는 버락 오바마의 이름을 열 번불렀고, 오바마는 아베 신조의 이름을 단 한 번만 불렀다.

이는 지나칠 만한 사소한 문제일까? 절대 그렇지 않다. 말하기에서 상대방의 이름을 거론하는 것은 상대방에 대한 관심의 표현이기 때문이다. 따라서 상대방의 이름을 자주 말할수록 상대방에게 큰관심을 가지고 있다는 뜻이고 반대로 이름을 적게 부를수록 상대방에 대해 관심이 적다는 뜻이다.

실제로 당시 오바마는 아베 신조를 달갑게 여기지 않았다. 오바마는 아베 신조가 야스쿠니 신사에 참배하고 공물을 봉납하는 행위를 몹시 불쾌하게 여겼다. 때문에 환영 만찬에서 오바마는 극히 공식적인 말만 했고, 음식도 절반만 먹고 젓가락을 놓았다. 그래서 한 정치 분석가는 오바마가 아베 이름을 한 번만 부른 것에 대해 이렇게 말했다.

"일본인들은 두 지도자가 서로 이름을 부르면서 친밀감을 과시하기를 원했겠지만, 오바마 대통령은 아베 총리를 그렇게 부르지 않았다. 여기에서 어떤 의미를 느낄 수 있을 것이다."

프랭클린 루스벨트Franklin Roosevelt 전 미국 대통령은 훌륭한 인품으로 국민에게 인기가 많았다. 그가 국민으로부터 호감을 샀던 방법 중 하나는 이름 불러주기다. 유명한 일화가 있다. 그가 대통령 퇴임 후 2년이 지났을 때 백악관을 방문했다. 이때 그는 주방에서 일하는 직원의 이름을 부르며 안부를 물었다. 게다가 정원사와 정비공들 한 명 한 명의 이름을 불러주었다. 그러자 한 직원이 감동해서 눈물을 흘렸다.

미국의 철강 재벌인 앤드루 카네기Andrew Carnegie는 강철 제조에 대해 거의 아는 게 없었는데도 강철 사업으로 대성공을 거두었다. 그의 성공 비결 중 하나는 사람을 잘 다루는 데 있었다. 그가 잘 활용한 방법은 사람들의 이름을 불러주는 것이었다. 직원들의 이름을 일일이 외워서 만날 때마다 불러주고, 거래처에서도 이를 활용했다. 한 번은 거래처 사장의 이름을 새로 세운 공장 이름에 넣음으로써, 계약을 성사시키기도 했다.

내가 자주 방문하는 백화점이 있다. 특별히 이 백화점의 상품 가격이 낮거나 세일 등의 행사가 많은 게 아니다. 그런데도 동네마트만큼이나 이 백화점에 자주 들른다. 특별한 행사를 대비한 정장 옷이나 가전제품, 주방기구를 사러 종종 들른다. 내가 이곳을 자주 찾는 이유는 직원들이 내 이름을 기억해주기 때문이다. 자주 방문하는 매장의 직원들은 하나같이 내 이름을 불러주었다. 직원들의 입에서 내 이름이 호명되는 걸 듣고 있노라면 마치 내가 이 백화점의 VIP가 된 듯한 기분이 들었다.

"오수향 고객님, 안녕하세요."

"오수향 고객님, 신제품을 소개해 드릴까요?"

"오수향 고객님, 감사합니다. 다시 찾아주세요."

이렇게 내 이름이 대화 중에 자주 호명되자, 관심받고 있다는 느낌이 들었다. 이런 기분은 다른 백화점에서 한 번도 경험해보지 못했다. 내 이름을 불러주는 직원들을 한 번이라도 더 만나고 싶어서 그 백화점을 찾는다.

대화할 때, 반드시 직함과 직업 앞에 상대의 이름을 넣어 호명하자. 그러면 자신의 이름을 기억해줬다는 섬세함을 고맙게 여기고, 상대에게 기꺼이 호의를 베풀 것이다.

조금만 돌려 말하면
내 편이 된다

똑같은 말이라도 어떻게 하느냐에 따라 느낌이 다르다. 어떤 사람은 좋은 말투로 상대방의 기분을 좋게 하는 반면 어떤 사람은 나쁜 말투로 상대방의 기분을 언짢게 한다. 말투는 사소하게 여겨질 수 있지만, 결코 만만하게 봐선 안 된다. 인간관계에서는 말의 내용 못지않게 그것을 잘 포장한 말투가 중요하다.

직장에서 심심치 않게 접하는 불쾌한 말투에는 이런 게 있다.

"이번 프로젝트는 빨리 해결하지 않으면 안 됩니다."
"제가 하기에는 무리입니다."

"A는 어떤 일입니까?"

첫 번째, "~하지 않으면 안 됩니다."가 직장 상사에게 안 좋은 뉘앙스를 풍긴다. 분초를 다투고 있는 상황에서 남의 일을 대하는 것처럼 관망하는 말투이기 때문이다. 긴급한 상황일 때는 직관적인 말투인 "~ 합시다", "~하죠"를 사용하는 게 좋다. 그래서 이런 표현이 바람직하다.

"이번 프로젝트 빨리 해결하도록 하죠."

두 번째에서는 "~무리입니다."가 문제된다. 설령 실패하더라도 최선을 다하겠다는 말이 긍정적인 의지를 보여준다. 그러므로 이때는 "노력해보겠습니다만~"을 사용하자.

"노력해보겠습니다만 시간을 두고 검토를 해야 하지 않을까요?"

세 번째에서는 "~어떤 일입니까?"가 잘못되었다. 깊이 생각하지 않고 내뱉는 말에 상사가 불쾌하게 생각할 수 있다. 이때는 지시한 말을 언급하면서 "~일 말씀입니까?"로 돌려서 표현하자.

"연수에 참가하는 일 말씀입니까?"

이렇듯 상대가 좋아하고, 싫어하는 말투가 있다. 이성 관계에서도, 여자가 호감을 갖는 남성의 말투가 있고, 남성이 호감을 갖는 여성의 말투가 있다. 따라서 상대의 마음을 열고 진지한 대화를 하고

자 한다면 상대가 좋아하는 말투를 잘 숙지하자. 대표적으로 일곱 가지가 있다. 이 말투는 마음의 문을 닫은 상대를 무장 해제시키는 힘을 발휘한다.

"정말 안목이 좋으시군요."

상대의 안목을 높이 추켜세워 주면 상대는 묻지 않은 것도 이야기할 것 이다. 비슷한 말로는 "센스가 있군요", "프로시군요." 등이 있다.

"따뜻하시군요."

상대의 인품을 긍정적으로 평가하는 말이다. '따뜻하다'는 말에는 정말 온기가 담겨있는 것 같다. 그래서 그 말을 들은 상대에게도 온기가 전 해진다.

"좋은 공부가 되었습니다."

모든 경험에 다 소득이 있을 수는 없다. 하지만 그것을 지시한 상대방 이 무안하지 않도록 이런 표현을 하는 게 좋다.

"잘 모르겠습니다만"

모르는 건 모른다고 해야 한다. 대화를 하다 보면 모르는 분야가 나올 수 있다. 이때 이런 표현으로 해당 내용에 대해 물으면 상대가 충분히 이해할 것이다.

"잘 아시는 바와 같이"

상대가 말하는 내용을 이해하지 못하더라도 이런 표현을 쓰는 게 좋다. 그러면 상대가 자신을 배려하고 존중해주고 있다는 걸 알아차린다.

"잠깐 시간 괜찮으세요?"

이 표현의 핵심은 '잠깐'에 있다. '잠깐'과 비슷한 표현으로는 '좀'이 있다. 누군가에게 말을 걸거나, 부탁을 할 때 '잠깐', '좀'이라는 말을 더하면 겸손해 보인다.

"뭐든지 말씀하세요."

상대가 부탁을 해올 때 무조건 이렇게 말하자. 그래야 상대에게 편안함과 신뢰감을 줄 수 있다. 부탁하는 사람은 상대의 입장을 고려해 적당한 부탁을 해오는 게 일반적이다. 만약 부탁을 들어주지 못할 사안이라면 정중하게 그것에 한해 들어줄 수 없다고 말하면 된다.

관계의 애피타이저가
되는 잡담

식욕을 돋우기 위해 식전에 먹는 음료나 요리를 애피타이저 appetizer라고 한다. 실제로 애피타이저를 먹느냐, 먹지 않느냐에 따라 요리의 맛이 천지차이가 된다. 주 요리와 맛과 영양적으로 조화를 이루는 와인 한 잔을 애피타이저로 마시면 없던 식욕도 다시 살아나서 맛있게 음식을 먹을 수 있다.

이처럼 잡담은 관계에서 애피타이저와 같은 역할을 한다. 낯선 사람과는 대화할 때 기분 좋은 인사를 시작으로 5분에서 15분 정도 아무 목적 없이 가볍게 잡담을 나눠 보자. 억지로 화제를 찾으려 애쓰기보다 평소 타인과 주고받는 화제나 자신의 호기심을 자극하는 이야기를 해보자. 지식이나 교양을 말하기보다 긍정적인 분위기로 가볍게 잡담을 시작해보면 상대가 안도하면서 대화의 본론으로 들어가기 쉽다.

　모 가전제품 대리점주는 뛰어난 영업 노하우로 여러 차례 전국 판매 1위를 달성했다. 직원 교육에 이런 비밀이 있었다.

　"잡담을 합니다. 잡담만 잘 하면 고객은 상품을 구매하게 돼요."

　그의 부연 설명은 이러했다. 보통의 영업 사원은 잔뜩 긴장한 나머지 고객에게 은연중에 부담을 준다. 아무리 고객에게 '이 제품 성능이 최고입니다', '단골고객에게 특별 할인행사가 있어요'라고 말해도 고객은 별 감흥이 없다. 수많은 영업 사원을 상대해본 고객일수록 뻔한 영업용 멘트라고 거부감을 가질 뿐이다.

　그래서 그는 형식적인 멘트를 과감히 버리는 대신에 직원들에게 잡담을 하도록 권했다. 직원들은 말 그대로 아무런 목적이 없이 쓸데없는 말을 지껄였다. 인기를 끌고 있는 드라마와 영화, 유행어, 패션, 유명인의 스캔들, 재테크, 날씨 등 누구에게나 통하는 보편적인 화제를 가볍게 꺼내면서 상대방이 여유를 갖도록 했다.

　"송송 커플 아시죠? 둘이 정말 잘 어울리는 것 같지 않으세요?"

　"이번 여름에는 장마가 길어진다고 하네요."

"요즘 유명하다고 소문난 음식점 ○○를 가보셨나요?"

고객은 거부감 없이 단지 흥미로운 화제로 말을 섞기 시작한다. 이 시간이 쓸데없다고 오해할 수 있는데 절대 그렇지 않다. 잠깐 잡담을 나눈 고객은 영업 사원에게 무척이나 친밀감을 갖게 된다. 이렇게 해서 고객들이 마음을 열고 구매로 이어지게 된다.

관계와 대화를 이어주는 잡담에도 기술이 있다. 뉴스, 신문 등에서 흥미로운 기사를 메모하거나 스크랩하고, 자신의 업무 분야에서 사람들이 재미있어 할 이야깃거리를 꾸준히 모으는 게 필요하다. 잡담의 기술은 노력으로 배울 수 있다. 다음 5가지 방법을 참고하자.

첫째, 상대방에게 질문함으로써 쌍방향 대화를 이끌어가기

둘째, 가능하면 두 사람이 마지막으로 함께했던 때에 대해 이야기하기

셋째, 상대방의 관심사가 무엇인지 알아내기

넷째, 다른 사람들이 알아듣지 못할 전문적이거나 특정한 용어와 표현 피하기

다섯째, 정치나 종교, 윤리 등 민감한 주제는 피하기

분위기를
살리는 유머

에이브러햄 링컨이 1858년 미국 상원 의원 선거에 출마했을 때였다. 상원의원 선거 합동 유세장에서 상대 후보인 스티븐 더글러스Stephen Arnold Douglas가 먼저 연단에 올라가 링컨을 비난했다.

"링컨은 과거에 식료품 가게를 운영한 적이 있습니다. 그때 식료품 가게에서 팔 수 없는 술을 몰래 팔았어요. 이렇게 법을 어기는 사람이 정치인이 될 수 있겠습니까?"

이윽고 연단에 오른 링컨이 여유 있는 태도로 말했다.

"더글러스가 한 말은 모두 사실입니다. 그런데 제가 식료품 가게를 할 때 더글러스 후보가 술을 제일 많이 사갔던 손님이었답니다."

이렇게 링컨은 유머러스하게 받아쳤다.

윈스턴 처칠이 하원 의원 선거에 처음 출마했을 때도 유머를 발휘했다. 상대 후보가 그의 약점을 물고 늘어졌다.

"처칠은 몸도 비대한 데다가 굉장히 게을러터진 사람입니다. 그는 늦잠을 자는 일이 많은데 어떻게 그에게 의정 활동을 맡길 수 있단 말입니까?"

그러자 처칠은 미소 띤 얼굴로 여유 있게 말했다.

"저에게는 아름다운 아내가 있어서 아침에 일찍 일어날 수 없습니다. 아름다운 아내를 가진 게 무슨 죄가 된단 말입니까?"

이처럼 명 연설가 링컨과 처칠은 유머 감각이 매우 뛰어났다. 이런 재치 있는 유머는 긴장된 분위기를 반전시키고, 지도자의 여유와 자신감을 보여준다는 점에서 효과적이다. 그 덕분에 수많은 유권자들이 그 둘에게 표를 던졌다.

명 연설가 버락 오바마 전 미국 대통령 또한 유머를 빼놓을 수 없다. 그는 대선 때 상대편에서 그의 정체성을 문제 삼으며 비난해왔다. 그러자 이 한마디로 분위기를 반전시켰고, 국민은 그를 지지하는 데 주저하지 않았다.

"대선이 얼마 남지 않았습니다. 중요한 결정을 해야 할 때입니다.

아직 저를 잘 모르겠다는 분이 많은데, 그래서 제가 확실히 말씀드리겠습니다. 저를 마땅치 않아 하시는 여러 사람들의 루머와 달리 저는 구유에서 태어나지 않았습니다."

데일 카네기 역시 유머는 인생의 청량제 역할을 해서 사람을 사귀는 데도 중요하다고 강조하며, 매력적인 성품의 요소로 손꼽았다. 그는 유머 감각이 삶의 긴장을 풀어주고, 환경에 잘 적응하게 해 주는 것은 물론 인생의 문제에 대해 심각해지는 것을 막아준다고 했다.

유머는 연설, 강의는 물론 프레젠테이션, 회의, 일상 대화에서 얼마든지 활용할 수 있다. 상황에 맞는 적절하고 재치 있는 유머는 전달하는 말에 윤활유 역할을 하고, 딱딱한 분위기를 화기애애하게 바꾸어준다. 유머를 잘 활용하기 위해서는 다음 네 가지 방법을 참고하자.

첫째. 자신을 소재로 한 유머를 구사하자

책이나 예능 프로에서 나온 그대로 유머를 구사하면 식상하다. 좀 더 실감나게 유머를 사용하려면 망가질 각오를 하고 자신의 경험을 소재로 하자.

둘째. 듣는 사람의 성향에 맞추라

누군가를 비하하거나 성적인 유머는 쓰지 않는 것이 좋다. 특히 상대의 직업군이나 성별을 고려해서 유머를 선택적으로 사용해야 효과가 극대화된다.

셋째. 자기가 먼저 웃으면 안 된다

초보 유머꾼이 자주 실수하는 게 상대방보다 먼저 웃는 것이다. 자신도 모르게 유머를 쓰면서 웃는다면 상대는 웃을 의욕이 확 달아나버린다.

넷째. 쉬운 말로 짧게 말하라

어려운 용어로, 복잡하게 이야기하면 아무리 재밌는 이야기도 전달력이 떨어진다. 이해하기 쉬운 말로 짧게, 순발력 있게 전달해야 한다.

빈틈을 보여서
마음의 거리를 좁혀라

"어떻게 하면 고객의 마음을 얻을 수 있을까요?"

"소개팅에서 만난 사람의 호감을 사고 싶은데 방법이 있나요?"

이런 질문을 하는 이유는 대화 상대 사이에 벽이 생겼기 때문이다. 마음이 통하지 않기에 진심어린 대화가 이어지지 않는다면, 자신을 내려놓는 것도 답이다. 지나치게 상대에게 잘 보이려고 했던 자신을 내려놓는 것이다. 상대가 마음의 문을 열지 못한 이유는 대화를 주도하는 사람이 빈틈 없고 잘나 보이기 때문이다.

미국의 심리학자 캐시 애론슨Kathy Aaronson에 따르면, 사람들은 완벽한 사람보다 약간 빈틈이 있는 사람에게 호감을 갖는다고 한다. 실수나 약점 등이 오히려 매력 지수를 높여준다는 것이다. 이를 가리켜 '실수효과Pratfall Effect'라고 명명했는데, 이는 실험에서 입증되었다.

TV 방송에서 스펙, 연기, 외모가 뛰어난 연기자가 예능 프로그램에 나왔다고 하자. 그가 서툰 구석 없이 말을 잘 하고 또 세련된 몸가짐을 한다고 하자. 그러면 시청자들은 그 연기자에게서 큰 매력을 느끼지 못한다. 그 연기자가 의외의 말실수도 하고, 우스꽝스러운 몸짓도 하며 빈틈을 보인다면 시청자들은 더 호감을 갖게 된다. 따라서 상대의 마음을 얻고자 한다면, 잘난 척하기보다는 솔직하게 자신의 약점을 인정하고 실패담을 이야기하는 게 좋다.

대화법에 대해 상담을 요청해오는 사람이 나에게서 거리감을 갖고 속마음을 쉽게 털어놓지 못할 때가 종종 있다. 그럴 때엔 이렇게 말한다.

"어릴 때부터 가정 형편이 넉넉지 못해서 늘 꿈조차 생각할 여유도 없이 살아왔어요. 그래서 제 목소리가 좋다고 생각하거나 누군가에게 도움을 주는 일을 할 수 있을 거란 생각도 쉽게 못했죠. 하지만 대화법 일등 강사가 되겠다는 간절한 꿈을 키워가면서 이 자리까지 오게 되었죠. 저를 너무 어렵게 생각하지 마시고, 편하게 말씀하세요."

이렇게 나의 약점이라 생각할 수 있는 부분들도 꺼내놓으면 상대가 긴장을 풀고 진솔하게 이야기하게 된다. 자신을 내려놓자. 나의 약점과 실패담이 상대에게 편안한 분위기를 만들어준다.

제안하기 전에
세 번 "YES"하게 만들자

고집이 세고, 매사에 부정적인 사람이 있다. 절대 남의 견해에 동의하거나 긍정적인 반응을 보이는 않는 사람도 있다. 이들은 성격상 혼자가 편하기 때문에 관계를 회피하려 하면서도 이렇게 말한다.

"내 나름의 주관이 있다고요."

"나만의 세계를 침해당하고 싶지 않아요."

이런 사람과의 관계를 개선하는 데 필요한 고도의 대화 기법이 있다. 최면 요법을 활용한 대화법이다. 이 방식으로 대화하면 아무리 완고하고 부정적인 사람이라도 원하는 방향으로 대화를 유도할 수 있다. 사실 최면이라고 해서 대단한 건 아니다. 우리는 일상생활에서 무언가에 몰입하면서 저절로 최면 상태에 빠지는 경험을 하기 때문이다.

최면 치료의 전문가인 밀턴 에릭슨Milton H. Erickson은 이렇게 말했다. "사람들은 흔히 최면 상태를 경험한다. 텔레비전으로 축구경기를 관람하는 팬은 경기내용은 인식해도 의자에 앉아있는 자신의 모습이나 저녁 먹으라고 소리치는 아내의 목소리는 인식하지 못한다."

그렇기에 완고하고 부정적인 사람의 마음을 움직이는 최면법으로 '예스 세트Yes Set'를 활용할 수 있다. 이는 세 번 네Yes라는 답을 유도하는 질문을 반복한 후 네 번째에 원하는 제안을 하여 예스를 이끌어내는 대화법이다. 회사 내의 대화를 예로 들어보자.

"날씨가 덥죠?" → "네, 아주 덥네요" (첫 번째 YES)

"휴가는 잘 보내셨죠?" → "네, 시골에서 잘 쉬었어요." (두 번째 YES)

"오랜만에 회사에 출근하니 좀 힘드시죠"" → "네, 일주일 쉬었더니 일이 손에 잡히지 않네요." (세 번째 YES)

"이번에 새 프로젝트가 진행되는데 맡으실 생각 있으시죠?" (목적 제안)

이렇듯, 먼저 세 번씩 긍정적으로 답할 수밖에 없는 질문을 하면 상대방이 완고하고 부정적인 무의식에서 벗어나는 최면 상태가 된다. 이때 네 번째 질문에 원하는 제안을 하면, 상대방은 저절로 '네'라는 대답을 내놓는다.

이는 마음에 드는 이성에게 데이트를 신청할 때도 효과적이다. 이렇게 하면 틀림없이 이번 주말 저녁에 즐거운 데이트를 할 수 있을 것이다.

"영화 좋아하시죠?" → "네, 많이 좋아해요" (첫 번째 YES)

"그러보니, 내일이 주말이네요. 주말 혼자 보내기는 적적하시죠?"

→ "그렇죠. 솔로라서 그런지." (두 번째 YES)

"이번 주말에 송중기 주연의 영화가 개봉한다는데 재밌있겠죠?"

→ "네, 정말 재밌겠더라고요." (세 번째 YES)

"저와 함께 주말에 그 영화 보실래요?" (목적 제안)

긍정적인 말투에
긍정적인 결과가 따라온다

    모 대학교 K 교수는 학생들에게 인기가 많았다. 그는 전공 강의는 물론 학생 상담과 지도에 열정적이었다. 대학생들은 학과의 다른 교수보다 먼저 그에게 찾아가 대화를 요청했다. 학생들은 대화에서 많은 것을 얻는다며 K 교수를 선호했다. 이런 그에게 특별한 대화법이 있을까 해서 찾아가 보았는데, 그에게서 돌아온 답은 간단했다.

    "요즘 세대 차이가 워낙 심합니다. 그래서 기성세대와 청년 사이에 의사소통이 잘 될래야 될 수가 없죠. 교수와 대학생 사이는 더 심각합니다. 교수는 지식과 올바른 가치관을 가르쳐야 한다는 책임감을 느끼고 있다 보니, 젊은 세대와 대화가 잘 안 됩니다. 대학생들이 강요를 받는다 느끼고, 고리타분하다면서 거부 반응을 보여요. 그래서 저는 무작정 제 관점을 해답처럼 주입하며 지적하지 않습니다. 대신에 학생들에게 "자네는 이렇게 생각하는군요?"라고 먼저 인정하고 학생 스스로 생각할 기회를 줍니다."

K 교수의 특별한 대화법은 단지 상대의 가치관과 사고방식을 존중해준다는 것이었다. 이 말을 듣고 무릎을 '탁' 쳤다. 참으로 단순하지만 지나치기 쉬운 대화법이었다. 명색이 최고 지성을 갖춘 교수가 가르치는 학생들의 가치관과 사고방식을 온전히 이해하고 존중하기는 쉽지 않다. 교수의 관점에서 보면 대학생들의 일거수일투족이 부족하고 불완전해 보일 터이다. 그래서 그것을 지적해서 고치고 싶을 수 있겠지만, 그 교수는 달랐다. 다름을 인정하고 자신은 한 발짝 뒤로 물러선 거다.

아니 / 못 / 아니다 / 말라 / 하지만 / 그렇지만 / 아닙니다 /

그러나 / 안돼 / 못해 / 하지 않는다 / 그게 아니라 / 할 수 없다

이런 부정어를 자주 쓰는 사람들이 있다. 말을 걸 때도 그렇고, 대답할 때도 그렇다. 특히, 대답할 때 부정어를 자주 쓰는 사람은 불안 심리가 크다고 한다. 텍사스대학교 심리학과 교수 제임스 W. 페니

베이커James W. Pennebaker는 부정어를 자주 사용하는 사람은 불안하기 때문에 일종의 안전장치를 마련하고자 "싫어요" 대신에 "좋아하지 않아요"라고 말하는 경향이 있다고 한다. 이렇게 해서 자기 확신이 없는 본심을 갖추고 싶어한다는 것이다.

가능하면 부정어 사용을 자제하자. 부정어를 빼고 말하다 보면 성격이 밝고 긍정적인 방향으로 변하는 것은 물론 타인과의 의사소통도 명료해져서 불필요한 오해가 생기지 않는다.

심리학 교수인 할 어반Hal Urban은 《긍정적인 말의 힘Positive Words, Powerful Results》에서 사람의 마음을 열게 하는 긍정적인 말의 힘을 소개했다. 부정적인 말투를 버리고 긍정적인 말투를 사용함으로써 관계를 원만하게 이끌 수 있는 방법을 알려 준다. 책에 따르면, '사람들을 기분 좋게 하는 서른 가지 말'과 '사람들이 듣기 싫어하는 서른 가지 말'이 있다고 한다.

【사람들을 기분 좋게 하는 서른 가지 말】

용기를 북돋아주는 말, 고마움을 표현하는 말, 인정해주는 말, 반가운 인사, 칭찬, 축하, 가르치고 교훈을 주는 말, 편안하게 해주는 말, 격려, 응원하는 말, 묻고 관심을 보여주는 말, 관계를 개선하는 말, 웃게 만드는 말, 믿음과 확신에 찬 말, 좋은 소식, 존중, 상냥한 말, 이해와 공감을 보여주는 말, 찬성하는 말, 초대하는 말, 예의바른 말, 충고와 상담하는 말, 사과, 용서, 도움을 주는 말, 진실된 말, 좋은 점을 지적해주는 말, 애정이 담긴 말, 가치 있는 말, 사랑을 전하는 말

【사람들이 듣기 싫어하는 서른 가지 말】

자랑, 욕, 그 외 불쾌한 말, 험담, 거짓말, 잔인하고 고통을 주는 말, 다른 이에 대한 비판, 자기 연민, 낙담하게 만드는 말, 난처하고 굴욕적인 말, 단점을 들먹이는 말, 불평과 투덜거림과 칭얼거림, 무례하고 남을 배려하지 않는 말, 귀찮게 들볶는 말, 교묘한 속임, 허위와 불성실한 것으로 다른 사람에게 감동을 주려는 말, 민족차별과 인종주의적 비방, 성차별하는 말, 나이와 관련해 비방하는 말, 부정(항상 남의 잘못을 지적하는 말), 협박, 언쟁, 끼어들기, 남의 이야기를 다듬어 올려놓는 말, 아는 체, 거짓 아첨, 고함, 누르는 말(짐짓 은혜를 베푸는 듯 굴면서), 과장, 고발

당신 옆에 대화의 상대가 필요한가? 그 대화의 상대가 마음의 문을 열어주길 바라는가? 그렇다면 부정적인 말투를 버리고 긍정적인 말투를 사용하라. 기대를 갖고 긍정적인 말을 하면 할수록 상대는 점차 긍정적인 사람으로 변한다.

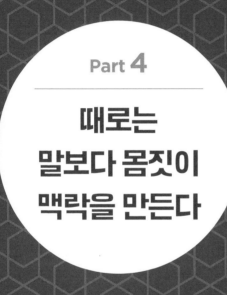

Part **4**

때로는
말보다 몸짓이
맥락을 만든다

말의 콘텐츠도 중요하지만 여기에 더 추가할 것이 있다.

빠르기, 크기, 높이, 길이, 쉬기, 힘주기라는 목소리의 6가지 요소를 잘 활용하는 것이다.

말하는 호흡에 리듬을 주면 전달력이 좋아지고,

정서를 반영하여 맥락을 달리할 수 있다.

진심으로
경청하기

래리 킹은 미국 최고의 토크쇼 진행자가 될 수 있었던 가장 큰 원동력으로 경청을 꼽았다. 그는 말을 잘 하기 위해서 상대의 말을 먼저 잘 들으라고 강조한다.

"훌륭한 화자가 되기 위해서는 먼저 훌륭한 청자가 되어야 한다. 상대의 말을 주의 깊게 들으면 내가 말할 차례가 됐을 때 더 잘 응대할 수 있고, 말을 더 잘 할 수 있다."

의사소통에서 우리는 듣기에 많은 시간을 보내야 한다. 경청이야말로 상대의 마음을 끌어내는 최고의 대화법이기 때문이다. 경청은 단순히 말을 듣는 게 아니라, 주의를 기울여 이해하고 반응하는 과정이다. 말은 물론이고, 눈 마주침이나 표정 등 비언어적 표현 모두 적극적으로 이해의 표현을 해야 한다.

연인 사이에, 부부 사이에, 가족 내에서, 직장 내에서 소통이 잘 되지 않아서 해법을 찾으러 찾아오는 사람들이 많다. 대개 그들은 상대의 마음을 얻을 수 있는 대화 기술을 원한다. 그렇게 상담을 요청해올 때 말을 먼저 건네기보다 상대방의 말에 귀 기울인다. 따뜻한 눈빛과 함께 대화 중간중간 고개를 끄덕이고 동감의 말을 더하며 경청한다. 이렇게 한동안 그들의 이야기를 듣는 것만으로도 그들은 고민이 풀렸다고 토로한다. 사실, 그들에게 필요한 건 자신의 고민을 들어주는 사람인 셈이다. 그들의 이야기를 다 듣고 나면 이렇게 말한다.

"소통이 안 된다고 호소하는 분이 많습니다. 이는 말을 잘 못 해서 생기기 않아요. 그 반대입니다. 상대방의 말에 진심으로 귀 기울지 않기 때문에 불통이 생깁니다. 소통을 잘 하기 위해서 먼저, 경청해야 합니다."

《성공하는 사람들의 일곱 가지 습관7 habits of highly effective people》의 저자인 스티븐 코비Stephen Covey는 성공하는 사람과 성공하지 못한 사람의 대화 습관에는 확실한 차이가 있다면서, 그 차이는 '경청하는 습관'이라고 했다. 이렇듯 경청은 대화에서는 물론 성공을 위해서도 매우 중요하다. 다음, 경청을 잘 할 수 있는 4가지 방법을 잘 참고하자.

첫째, 리액션

고개를 가볍게 끄덕이며 가벼운 추임새를 넣자. 이때 성실한 태도로 해야 한다. 그렇지 않으면 자칫 영혼 없는 리액션으로 비칠 수 있다.

둘째, 끝까지 듣기

상대방이 말을 할 때 말을 자르지 말아야 한다. 단, 상대방의 말이 주제와 어긋났을 때는 제지하자. 심리 상담가와 카운슬러에게 소기의 목적을 달성하기 위한 기본 조건이 듣기이다. 이들은 예외 없이 듣기의 달인이다.

셋째, 정리

상대방의 말이 길어지면 정리하거나 요약하여 되물음으로써 상대의 말에 집중하고 있다는 걸 피력할 수 있다. 또한 이를 통해 대화의 흐름을 잡을 수 있다.

넷째, 말 따라 하기

상대방이 했던 말 일부를 따라 하면서 대화하자. 공감의 표현으로 상대의 말을 따라 하면 상대방은 자신이 잘 이해받고 있다고 느낄 것이다.

첫인상으로
호감을 얻어라

통통한 체격의 중년 여성 강사 K가 있었다. 사람을 잘 웃기고 톡톡 튀는 재치 있는 강의 진행 능력이 인정받아 여러 기업체와 행사, 지방 방송으로부터 강의 요청을 받았다.

'내 재능과 경력으로 볼 때 어떤 방송에도 출연할 수 있을 거야.'

하지만 다들 K를 떠올리면 훌륭한 언변보다도 통통한 외모 탓에 푸근함을 먼저 떠올렸다. K에게는 이러한 인상이 말 못 할 고민이 되었다. 몇 번의 방송 진행 제안이 취소되자, 어쩌면 통통한 체형이 문제가 되지 않나 우려했다. K는 통통한 체형 탓에 프로그램의 중요한 역할을 맡기기에 힘들지 않았을까 하는 자격지심이 들었다.

한동안 외모 콤플렉스로 마음고생을 했던 그녀는 체중을 15kg이나 감량했다. 그러자 주변의 반응이 달라졌다.

"강의 하나 더 해주세요."

"백억 대 프레젠테이션을 맡아주세요."

"우리 회사 기념 행사를 진행해주세요."

지상파 방송사에서도 연락이 오기 시작하며, 자신감도 더 생겼다. 이 K 강사의 사례가 바로 나의 이야기이다. 대화법 전문가로 바쁘게 전국을 무대로 활동하는 사이 체중 관리에 소홀했던 게 시작이었다. 대화의 문을 열 때 첫인상이 중요하다는 걸 누구보다 잘 알면서도 방심했었다.

누군가와 만날 때 3초만에 상대에 대한 호불호가 정해진다. 이를 초두 효과Primacy effect라고 한다. 사람의 첫인상이 그 사람 전체에 대한 인상을 좌우할 정도로 강력하다는 내용이다. 그리고 첫인상에 대한 판단은 쉽게 바뀌지 않는다는 점에서, 시각적인 요소가 매우 중요한 셈이다.

미국 캘리포니아 UCLA 대학 심리학과 교수인 앨버트 메라비언 Albert Mehrabian도 이렇게 말했다.

"메시지를 전달할 때 목소리는 38%, 표정은 35%, 태도는 20%를 차지하고, 말하는 내용은 겨우 7%에 불과하다."

표정과 태도의 시각적 요소가 무려 55%나 차지한다는 것이다. 따라서 대화를 잘 이끌어가기 위해서는 자신의 표정, 태도, 목소리와 같은 요소들도 잘 관리해야 한다. 격식 있고 무게감 있는 대화의 자리일수록 시각적 이미지는 매우 중요하다. 그렇다고 좋은 첫인상을 위해 반드시 날씬한 체형이 요구된다는 말이 아니다. 오해 없길 바란다. 좋은 첫인상을 위해서는 호감을 주는 옷차림, 헤어스타일, 체형 관리가 필요하다는 말이다.

이와 함께 좋은 첫인상을 위해 빼놓을 수 없는 게 바로 미소이다. 설령 호감을 주는 외모를 갖추었다 하더라도 미소가 없으면 그건 마치 향기 없는 조화造花와 같다. 따라서 호감 가는 인상을 주기 위해서는 잔잔한 미소를 잃지 말아야 한다. 미소는 싱싱하게 살아있는 꽃처럼 기분 좋은 향기를 전하는 법이다.

JTBC의 예능 프로그램 〈잡스〉에 출연한 심리학자 곽금주 교수는 사람들은 미남·미녀를 볼 때 뇌의 특정 부위가 활성화된다는 결과가 있다며, 예쁘지 않더라도 활짝 웃으면 상대방이 미남·미녀를 볼 때와 같은 뇌 부분이 활성화됐다고 밝혔다. 그런 연구 결과를 통해 잘 생겼지만 표정이 어두운 사람보다, 못 생겼지만 항상 웃는 사람이 더 매력적으로 보일 수 있음을 알 수 있다. SBS 예능 프로그램인 〈동상이몽2〉의 추자현, 우효광 부부를 보면 미소의 중요성을 실감하게 된다. 프로그램의 서혜진 PD는 한 매체와의 인터뷰에서 "우효광은 추자현이 화를 내도 정말 사랑스럽다고 웃는다. 두 사람이 정말 잘 만난 것 같다"라고 말하기도 했다.

미소는 대화를 시작하는 첫인상에서뿐만 아니라 긍정적인 관계를 유지하는 데도 필수임을 잊지 말자.

효과적인
보디랭귀지

눈을 마주치지 않고 다른 곳을 바라본다.

눈을 맞추는 데도 눈이 멍하다.

팔짱을 끼고 다리를 꼰 채 구부정하게 앉아있다.

말을 했을 때 상대가 이런 태도라면 기분이 어떻겠는가? 기분 좋을 사람이 하나도 없을 것이다. 예로 든 신체 언어는 하나같이 '당신의 이야기에 관심이 없소'를 의미하기 때문이다. 누군가와 말을 할 때 이와 같은 상대의 태도나 표정 때문에 당황할 때가 있다.

말하는 사람도 예외가 아니다. 자신이 말하는 내용에 따라 적절한 표정, 자세, 동작이 나와야 전달력이 극대화된다. 반면 신체 언어를 잘못 사용하면 상대에게 오해를 사거나 감정을 해치는 일이 생길 수 있다.

세계적인 비언어 소통 전문가 토니야 레이맨Tonya Reiman은 '신체 언어란 세계의 다양한 나라와 인종을 떠나 모든 사람들과 마음으로 의사소통을 할 수 있는 근원적인 언어'라고 했다. 그는 이렇게 말했다.

"사실 말 그대로 신체 언어는 상대에게 말하고자 하는 것을 나타내기 위해 몸으로 할 수 있는 모든 것을 포함한다. 흥미롭게도, 때로는 당신이 말하지 않으려고 하는 것까지도 신체 언어를 통해 전달되기도 한다."

이처럼 신체 언어는 말 이상으로 중요하다. 때문에 대화를 잘 하려면 우선 말하는 사람이 적절히 신체 언어를 구사할 수 있어야 한다. 이와 함께 듣는 사람도 상대방의 말에 호응하는 신체 언어를 그때그때 보여주어야 대화가 순탄하게 이어진다.

구체적인 예를 들어보면, 두 손을 모으고 가방을 가지런히 앞으로 모아둔다면 이는 경계하고 있다는 뜻이다. 건네준 명함만 보고 시선을 맞추지 않는다면 내성적이며 겁이 많다는 뜻이다. 이와 함께 말하면서 얼굴만 상대 쪽으로 향한다면 이는 자기주장이 강하다는 뜻이다. 이처럼, 신체 언어를 의사소통의 중요한 요소로 이해한다면, 상대의 메시지를 제대로 듣기 위해 몸짓이나 표정까지 포착하게 될 것이다.

그러면 대화를 할 때 상대방에게 호감을 주는 신체 언어를 사용하려면 어떻게 하면 될까? 의사소통을 돕는 트레이너이자 베스트셀러 작가인 돈 가버Don Gabor는《대화의 기술 1, 2, 3How to start a conversation and make friends》에서 일상에서 누구나 쉽게 사용할 수 있는 기초적인 신체 언어를 알려준다. 'S-O-F-T-E-N 기법'으로 상대방에게 좋은 인상을 줄 수 있다고 소개한다.

'S'는 미소를 지어라Smile이다. 말 잘하는 사람들, 고객이 많이 찾는 점포 직원을 보면 알 수 있다. 환한 미소에 무장 해제되지 않는가?

'O'는 팔을 벌려라Open Arms이다. 의외로 많은 사람이 팔짱을 끼거나 그냥 팔을 아래로 내려둘 때가 많다. 그렇지 않고 팔을 들어 상대를 향해 벌린다면, 상대는 자신을 환대한다는 뜻으로 받아들인다.

'F'는 몸을 조금 숙여라Forward Lean이다. 몸을 앞으로 숙이는 자세는 상대의 말에 관심을 표시하는 뜻이다. 성의 있게 귀 기울이는 모습을 상대가 놓칠 리 없다.

'T'는 신체 접촉을 하라Touch이다. 간단한 악수라도 해서 상대와 스킨십을 하는 게 좋다. 스킨십을 한 사람에게 더 호감을 갖기 마련이다.

'E'는 시선을 맞춰라Eye Contact이다. 눈은 마음의 창이다. 시선을 상대의 눈과 맞추어 상대의 말을 경청한다는 표현을 하는 게 좋다.

'N'은 머리를 끄덕여라Nod이다. 상대방의 의견에 동의를 표시하는 것으로 고개를 끄덕이자. 그러면 대화가 끊기지 않고 계속 진행된다.

상대방이 머리를 넘기면
나도 머리를 넘기자

두 사람이 대화를 나누는 모습을 멀리서 지켜보고 있다고 하자. 그 둘의 대화 내용은 전혀 알 수 없다. 이때, 한쪽이 상대방에게 호감이 있는지 여부를 알 수 있는 방법이 있을까? 둘의 몸짓을 보면 알 수 있다. A가 B의 자세나 제스처 등을 무의식적으로 따라 한다면 A가 B에게 호감을 갖고 있는 게 틀림없다.

이처럼 호감을 갖는 상대를 흉내 내는 것을 심리학에서는 '동조효과'라고 한다. 무자퍼 셰리프Muzafer Sherif에 의해 정립된 동조효과는 친구 따라 강남간다는 말처럼 호감 가는 타인의 행동을 무의식적으로 따라 하는 현상을 말한다. 호감도가 높아지면 마치 거울

속의 자신을 보는 것처럼 일거수일투족을 따라 하게 된다. 상대방이 머리를 넘긴다거나 몸을 앞쪽으로 기울인다든가 코를 만지는 등의 행동을 할 때 자연스럽게 따라 하면 상대와의 친밀도가 급격히 높아진다.

심리 상담가 P는 내담자와의 상담에서 이 방법을 잘 활용했다. 내담자와의 심리적 거리를 좁히는 것은 원활한 상담에 필수적이다. 심리적 거리가 좁혀지지 않는다면 내담자는 자신의 속이야기를 꺼내기 주저하기 때문이다. 그래서 심리학계에서는 상담사와 내담자 사이에 라포rapport를 형성하는 것이 상담의 결과에 중요한 영향을 미친다고 본다. '라포'는 '다리를 놓는다'는 뜻인데 곧 조화, 친밀감, 신뢰로 풀이된다. 상담사와 내담자 사이에 신뢰감과 친밀감이 형성되었을 때 비로소 진솔한 이야기를 이어갈 수 있다. 그런 점에서 상담가가 내담자의 말투와 몸짓을 따라 하는 것은 라포 형성에 도움이 된다.

심리적 거리 좁히기에 도움되는 다음의 다섯 가지 방법을 살펴보자.

첫째, 말투 따라 하기

사람마다 고유의 억양, 사투리, 속도 등 목소리 패턴이 있다. 상담사는 그 가운데 하나를 선택해 따라 하며 자연스럽게 보이도록 했다.

둘째, 손짓 따라 하기

상대방이 오른손을 자주 움직이면 상담사도 오른손을 움직이고, 상대방이 왼손을 책상 위에 놓으면 상담사도 왼손을 책상 위에 놓았다.

셋째, 자세 따라 하기

상대방이 왼쪽으로 자세가 기울어지면 상담사도 왼쪽으로 자세를 기울였고, 상대방이 다리를 꼬면 상담사도 다리를 꼬았다.

넷째, 호흡 따라 하기

처음 상담하러 온 분들은 대개 얕고 가쁜 호흡을 하기 마련이다. 이에 모 상담사는 내담자의 호흡을 따라 했다.

다섯째, 눈 깜박임 따라 하기

내담자들은 긴장 탓에 자주 눈을 깜박거린다. 상담사는 이것을 놓치지 않았다. 내담자의 눈 깜박이는 속도에 맞추었다. 이는 따라 하기 중에서 제일 고난도에 해당한다.

허심탄회한 대화를 할 때에는 상대와 신뢰감을 형성하는 일은 무엇보다 중요하다. 상대방의 몸짓을 따라 해서 친밀감과 호감이 높아지면 상대방은 더 진솔하게 속내를 드러낼 수 있게 된다.

주전부리로 마음을
느슨하게 만들자

청소년 대상의 모 심리상담소 소장 E는 청소년들에게 인기가 많았다. 항상 청소년들이 그의 방에서 화기애애한 분위기 속에서 즐겁게 상담을 나누었다. 그 비결은 심리상담소의 탁자에 있었다. 탁자 위에는 온갖 주전부리와 음료수들이 작은 파티라도 준비한 듯 푸짐하게 갖춰져 있었다. 그도 그럴 것이 두 개의 바구니에 비스킷, 사탕, 초콜릿, 파이, 비타민, 달걀, 과일 등이 수북하게 들어 있었다. 그 옆에는 각종 주스와 생수까지 놓여있었다.

그는 비법에 대해 이렇게 말했다.

"대단한 거 없어요. 전 청소년들이 부담감 없이 이곳을 찾아오도록 노력해요. 그 가운데 하나가 이렇게 늘 먹을거리를 준비하는 거죠. 음식을 먹으면서 대화를 하면 예민한 학생들도 차츰 긴장을 풀게 됩니다. 그러면 어렵지 않게 친밀감을 쌓을 수 있답니다. 특히 저는 심리적 문제가 있는 학생에게 처방을 내놓는데, 이를 학생들이 잘 따라주어야 합니다. 거부하는 일이 종종 있어서요. 그런데 이렇게 먹으면서 말하면 처방대로 실천하겠다는 학생이 많아요."

심리상담사는 '오찬 효과'를 잘 사용하고 있었다. 이는 음식을 대접하면서 대화하면 설득력이 높아진다는 뜻이다. 왜 이런 현상이 생길까? 우선 대접받은 손님은 대접을 받았기 때문에 무언가를 상대에게 베풀어야 한다는 심리 상태가 된다. 그다음 맛있는 음식을 먹기 때문에 상대가 하는 요구, 제안이 기분 좋게 들린다. 당이 떨어졌을 때 신경이 예민해졌던 경험은 다들 있을 것이다. 이때는 매사가 신경을 거슬리는데 상대가 무엇을 부탁이라도 하면 화가 치밀어 오르게 된다.

간단한 주전부리는 상대의 예민한 신경을 누그러뜨리는 데 도움이 된다. 부동산의 공인중개사가 권하는 간단한 먹거리, 자동차를 구입하러 간 매장의 직원들도 마찬가지다. 집중적으로 설명하며 설득하는 과정에서 먹거리는 상대와의 거리를 좁혀준다.

열정이
기회를 만든다

고졸 출신으로 여러 직장을 전전하던 청년이 있었다. 그는 라디오 방송 DJ를 하고 싶었지만 기회가 오지 않았다. 아무도 경력이 없는 풋내기에 주목하지 않았다. 하지만 그는 남다른 언변을 갖고 있는 자신을 믿었기에, 포기하지 않고 방송 관계자를 찾아갔다.

"어릴 때부터 오로지 라디오 DJ를 꿈꿔왔어요. 다른 건 한 번도 생각한 적이 없습니다. 한 번만 기회를 주시면 제 능력을 발휘하겠습니다."

이처럼 끈질기게 자신을 어필했다. 그러자 그의 열정에 감복한 방송 관계자가 말했다.

"또 찾아왔군, 참 대단해. 그냥 집에서 구인광고가 나오는 걸 기다리고 있어도 되는데 자네는 매번 여기로 찾아오는군. 그만큼 방송 일을 사랑한다는 것이겠지. 자네에게서는 남다른 열정이 느껴져. 빈자리가 생기면 자네에게 꼭 연락해주겠네."

얼마 후 그에게 DJ 기회가 주어졌다. 그는 자신에게 찾아온 기회를 잘 살려냈다. 탁월한 언변을 유감없이 발휘해 유명세를 떨쳤고, 마침내 자기 이름을 건 토크쇼를 진행하게 되었다. 이 사람은 바로 CNN 〈래리 킹 라이브〉로 유명한 래리 킹이다. 그는 자신이 하는 일을 정말 좋아하고, 그 열정을 상대방에게 전달할 수 있다면 성공의 기회가 그만큼 커진다면서, 이렇게 말했다.

"말 잘하는 사람들은 열정적이며, 일에 대한 열의와 관심이 말할 때 드러납니다."

스티브 잡스 역시 프레젠테이션이 세계적인 수준의 명성을 얻기까지 열정이 한몫을 했다. IT 신제품 발표회는 얼핏 딱딱하고 고리타분할 수 있다. 하지만 그의 신제품 발표회는 마치 록 공연처럼 대중에게 폭발적인 인기를 누렸다. 그는 록 가수처럼 대중을 열광의 도가니에 몰아넣었다. 그는 말 한마디에도 열정적인 단어를 사용했다. 본인이 먼저 열정을 담아 질문해서 상상력을 자극하면, 듣는 사람의 가슴을 요동치게 만든다. 화염처럼 퍼지는 스티브 잡스의 열정은 청중에게 자연스럽게 전염된다.

프레젠테이션과 면접 모두에서 필수적인 건 바로 열정이다. 2016년 평창 동계 올림픽 유치 프레젠테이션으로 유치 성공에 이른 데에도 열정이 높은 점수를 받았다. 나승연 프레젠터는 열정이 있어야 아리스토텔레스의 설득의 3요소인 에토스, 파토스, 로고스가 잘 응고되어 나온다고 했다. 그녀는 연설 주제가 무엇이든 열정을 갖고 메시지를 전달하라고 역설했다.

"가장 어색한 프레젠테이션이나 스피치도 열정이 있다면 용서가 된다. 반면 아무리 말을 매끄럽게 잘 해도 진정한 열정이 느껴지지 않으면 단지 '연기'일 뿐이라는 생각이 들면서 감동을 주지 못한다."

목소리에
리듬감을 더하라

　강사 P는 유학파 출신으로 대기업에서 수십 년 근무했다. 그는 자신의 화려한 경력을 바탕으로 인생 2막을 열었다. 회사에 근무하면서 회의 때 두각을 나타냈던 그는 머지않아 인기 강사가 되리라는 꿈을 갖고 도전했다. 몇 달에 걸쳐 강의할 내용을 파워포인트에 정리했고, 강의하면서 할 말을 십분 단위로 메모하는 등 철저하게 준비했다. 그런데 웬걸 강의에 대한 반응이 시원찮았다. 강의를 듣는 수강생들이 졸거나 휴대폰을 보는 등 집중력이 떨어지는 경우가 많았다. 나중에 강의 평가를 받아보면 최악이었다. 그가 도움을 요청해 와서 강의를 들어 보니 문제점을 어렵지 않게 파악할 수 있었다.

"강의의 콘텐츠가 워낙 탄탄해서 철저하게 준비하셨다는 걸 알 수 있어요. 그런데 수강생의 입장을 좀 더 배려해서 활력 넘치는 목소리로 강의하시면 좋을 것 같습니다. 밋밋한 목소리로 단조롭게 말하면 수강생들은 금세 졸고 집중력이 떨어지고 말지요. 목소리에 다양하게 변화를 주는 게 필요합니다."

나름 논리적으로 유식하게 말을 잘한다고 자신하는데도 듣는 사람의 호응도가 떨어질 때가 있다. 교사, 교수, 강사 등 말을 업으로 할 때는 물론 정부기관이나 기업체에서 회의와 발표를 할 때도 마찬가지다. 이들은 말의 콘텐츠만큼은 실력이 뛰어났다. 하지만 단조롭고 따분한 말투에 결정적인 문제가 있었다.

흔히 초보 탤런트들이 연기할 때면 옆에서 지켜보는 PD가 이런 말을 한다.

"감정을 실어. 국어책 읽듯이 말하잖아. 이래서야 시청자들이 드라마에 몰입이 되겠어!"

"화를 내는데 전혀 화내는 것 같지 않잖아. 말로만 하지 말고 진짜 화난 목소리를 내라고!"

연기가 확 살아나기 위해서는 말에 그때그때 감정을 잘 실어야 하는 법이다. 이처럼 사람들 앞에서 말할 때도 메시지에 맞게 슬프면 슬프게, 화나면 격앙되게, 기쁘면 기쁜 감정을 실감나게 표현해야 한다. 여기에 더 추가할 것이 있다. 말에 속도감을 주고, 강조할 곳은 힘을 주어 말하고, 리듬을 살려가며 적당한 곳에서 쉬기 등을 잘 활용해야 한다. 말하는 호흡에 리듬을 주면 전달력이 좋아지고, 정서를 반영하여 맥락을 달리할 수 있다. 이를 위해서는 목소리의 6가지 요소를 잘 발휘해야 한다.

빠르기, 크기, 높이, 길이, 쉬기, 힘주기

말의 리듬감을 잘 활용하는 강사로 설민석을 꼽을 수 있다. 그는 연극영화과 출신으로, 이해를 돕기 위해 연기자처럼 목소리에 다양한 변화를 주면서 강의한다. 역사 수업이 극적으로 표현된다는 점에서 다른 강사들과 차별화된다. 열정을 담아서 목소리의 6가지 요소를 한 가지씩 사용하다 보면 어느 순간 모든 방법을 화려하게 사용할 수 있을 것이다.

침묵으로
위로를 건네다

때로는 말을 많이 하는 사람보다 말을 적게 하는 사람이 더 말을 잘한다고 느껴질 때가 있다. 진짜 말을 잘하는 사람은 적재적소에 침묵하면서 말하는 것 이상의 효과를 낸다.

이는 2011년 미국 애리조나 주 투산에서 열린 총기 난사 희생자 추모식에서 진행된 버락 오바마 대통령의 연설이 잘 보여준다.

"나는 미국의 민주주의가 크리스티나가 꿈꾸던 것과 같았으면 좋겠다고 생각합니다. 우리 모두는 어린이들이 바라는 나라를 만들기 위해 최선을 다해야 합니다……."

이 두 마디 말이 끝난 후 오바마 대통령은 10초 후 오른쪽을 쳐다본 뒤 20초 후 심호흡을 했으며, 30초 후 눈을 깜빡였다. 무려 51초 동안 침묵이 흘렀다. 그는 언어로 표현할 수 있는 것 이상을 침묵으로 표현했다. 장내의 청중석에서는 슬픔의 전율이 달아올랐다. 버락 오바마의 애도하는 마음이 고스란히 전달되었기 때문이다. 이 연설에 대해 AFP통신은 '취임 후 가장 큰 정치적 상승 가운데 하나'라고 평하는 등 미국의 언론들이 호평을 했다.

2017년 4월 서울 잠실종합운동장에서 있었던 콜드플레이COLDPLAY의 내한 공연에서도 침묵으로 전하는 위로가 돋보였다. 콜드플레이는 공연에서 히트곡 중 하나인 'Yellow'를 1절까지 부르고 세월호를 추모하는 멘트를 한 후 10초간 묵념했다. 대형 스크린에 추모의 뜻을 담은 노란 리본을 띄운 그 날은 세월호 3주기인 4월 16일이었다. 한국 팬들은 그들의 무대를 통해 위로를 받았다.

이러한 연유로 "침묵은 금이다"라는 말은 결코 과장이 아니다. 그런데 목소리 요령과 다양한 화술을 익히는 데 관심을 갖고 있는 사람들이 정작 침묵을 쓰는 법에는 무관심한 듯하다. 대화할 때 무조건 침묵을 피해야만 하는 걸로 오해하기 쉽지만, 침묵을 말하기의 연장선상으로 바라보면 달라진다.

"우리는 보통 침묵을 소극적이고 수동적인 것이라고 생각하기 쉽지만 사실 침묵은 적극적이고 능동적인 선택이 될 수 있다."

시골의사 박경철의 말이다. 그는 침묵을 가장 능동적인 대화로 본다. 조금도 모자라거나 넘치지 않게 침묵의 특징을 잘 포착한 견해다. 말 잘하는 사람들은 하나같이 침묵을 잘 활용한다는 점을 잊지 말아야 한다.

다음의 5가지 침묵의 종류에 따라 침묵을 잘 활용해보자.

첫째, 양해를 바라는 침묵

이는 상대방에게 전달한 이야기를 이해시키기 위해 양해를 구하는 역할을 한다. 예를 들면 이렇다.

"이번 프로젝트에 대해 잘 들어주세요. ……아셨죠?"

둘째, 여운을 주고, 깊은 인상을 남기는 침묵

이는 상대에게 감동을 전해주는 역할을 한다. 앞서 설명한 버락 오바마의 연설이 그렇다. 예를 들면 이렇다.

"자네, 이번 프로젝트를 위해 매일 같이 열심히 일했지. 수고가 정말 많았네……."

셋째, 기대하게 만드는 침묵

이는 앞으로 어떤 이야기가 나올지 궁금증을 유발하는 역할을 한다. 예를 들면 이렇다.

"여보, 나한테 좋은 일이 생겼어. 그게 뭐냐면 말이야……."

넷째, 동의를 구하는 침묵

이는 상대방에게 동의를 구하는 역할을 한다. 이를 위해 말을 짧은 간격으로 끊고 상대가 "맞아", "그래"라며 맞장구칠 수 있도록 하자. 예를 들면 이렇다.

"여러분도 아시다시피 이번 태풍 때문에 걱정이 이만저만이 아닙니다……. 특히나 농어촌 주민들의 피해가 큰 것 같습니다."

다섯째, 생각하게 만드는 침묵

이는 상대에게 흥미를 갖게 하기 위해 생각할 시간을 주는 역할을 한다. 예를 들면 이렇다.

"이번 부동산 정책에 대해 어떻게 생각하십니까?……."

황금말투

강력한 권위를
내세워라

모 베테랑 보험 설계사 K는 항상 말쑥한 정장 차림이었다. 출근 때는 물론이고 주말에도 정장 차림이었다. 한여름에도 얇은 정장 차림을 고수했는데 심지어 집 근처 마트에 갈 때조차도 정장 차림이었다. 그에게 회사에 출근하지 않을 때는 편한 복장이어도 괜찮지 않냐고 물었다. 그러자 그가 대답했다.

"절대, 그래선 안 됩니다. 영업자에겐 모든 사람이 잠재 고객이잖아요. 동네 분들도 그렇고, 마트 직원도 그렇죠. 그분들 중에 누군가 제 고객이 될 수 있습니다. 그래서 저는 밖에 나갈 때는 잠재 고객에게 영업자로서 신뢰감을 줄 수 있도록 노력하고 있어요. 늘 정장을 고집하는 이유도 그것 때문이죠. 사람들이 정장을 입은 저의 모습을 보면서 신뢰감을 느낄 테니까요."

프로의 자질이 느껴졌다. 고객이 영업자의 옷차림에서 뭔가 부족함을 느끼면 끝장이나 다름없다. 그런 점에서 영업자의 기본 중의 기본은 깔끔한 정장 차림이다.

이는 '권위 효과'라는 심리학 법칙으로 설명할 수 있다. 이 법칙은 '사람들은 권위 상징물에 매우 큰 영향을 받는다는 의미'이다. 미국에서 실제로 있었던 실험이다. 조교에게 한 번은 정장 차림으로, 다른 한 번은 허름한 작업복 차림으로 무단횡단하게 했다. 그러자 놀라운 결과가 나왔다. 정장을 입은 사람이 무단으로 횡단보도를 건널 때, 허름한 작업복 차림을 한 사람이 무단횡단할 때보다 3.5배 더 많은 사람이 그 뒤를 따라 무단횡단한 것이다.

이처럼 사람들은 권위의 상징에 큰 영향을 받는다. 이는 상대방의 마음을 훔치는 대화에서도 유효하다. 대화에서도 권위자의 사례나 전문적인 실제 사례를 예로 들어 상대방을 강력하게 설득할 수 있다.

실제로 나는 대화법 상담을 요청해오는 내담자에게 이것을 잘 활용하고 있다. 한 번은 자신의 말을 상대가 잘 이해하지 못한다고 고민을 털어놓은 모 중견기업 대표가 있었다. 그는 말을 길게 늘어놓는 습관이 있어서, 말의 핵심이 빠르게 전달되지 않았다. 그래서 나는 래리 킹이라는 대화법 일인자의 권위를 내세우면서 그가 강조한 'KISS 법칙'처럼 짧은 문장으로 말하라고 조언했다. 내담자는 고개를 끄덕였다. 래리 킹이라는 권위 있는 사람을 이용하면 설득력 있게 와 닿는다는 뜻이다.

비즈니스는 물론 일상에서도 권위를 사용한 대화법은 매우 유용하다. 가령, 회사 대표가 직원들에게 새로운 경영 전략의 적극적 동참을 요청할 때는 이렇게 말하자.

"이번 경영 전략은 미국의 구글에서 사용했던 것입니다. 구글 사장 에릭 슈미트에 따르면 이 전략을 사용함으로써 매출을 무려……"

지인에게 담배를 끊으라고 말할 때는 이렇게 말해보자.

"TV에서 서울대학교 병원 암 센터 의사가 나와서 말했는데, 담배를 피우면……"

사람들은 당신의 말에 더 신뢰감을 갖고 귀 기울일 것이다!

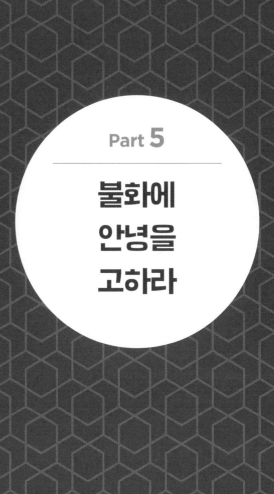

Part **5**

불화에
안녕을
고하라

—

사람들에게는 저마다 상처가 있다.

남에게 쉽게 말할 수 없는 이 상처를 흔히 콤플렉스라고 한다.

부디 상대의 신경을 곤두서게 하는 부분, 가슴 아픈 상처,

차마 꺼내고 싶지 않은 부분들에 대해 선을 넘어 말하지 말자.

이렇게 되면 상대는 대화의 문은 물론 관계의 문까지 잠그고 만다.

'아' 다르고
'어' 다르다

"벌써 9시인데 아직도 일하고 있나?"

"당신은 내 친구들 앞에서 그렇게밖에 못하겠어?"

"여보, 진급한다고 큰소리치더니 또 소식이 없네."

상대를 불쾌하게 하는 표현들이다. 첫 번째 말은 능력이 부족해
서 늦게까지 야근을 하느냐고 비꼬는 말투로 들리고, 두 번째 말은
윽박지르는 듯한 말투로 들리고, 세 번째 말은 무시하는 말투로 들
린다. 상대의 입장, 처지, 감정을 전혀 배려하지 않은 말들이다. 오해
없는 투명한 관계를 이어가려면 상대를 배려하는 말을 건네야 한다.

위의 표현들을 좀 더 배려하는 말투로 바꾸어 말하면 어떨까? 이 말을 듣는 순간, 상대는 가슴이 뭉클해질지도 모른다.

"벌써 9시인데도 열심히 일하고 있네. 무리하지 말게나."

"내 친구들 앞에서만큼은 좀 더 친절하고 살갑게 말해주면 모두에게 좋지 않을까?"

"여보, 진급이 안 돼서 많이 속상하죠? 다음 기회가 또 있으니까 너무 마음 쓰지 말아요."

'같은 말이라도 아 다르고 어 다르다'는 속담이 있다. 똑같은 말도 어떻게 하느냐에 따라 미묘하게 의미가 달라진다는 뜻이다. 더욱이 우리말은 토씨 하나 틀리지 않은 같은 말이라도 억양, 어감, 강세나 속도에 따라 의미가 완전히 달라진다.

"첫 월급으로 80만 원 받았어"

이 말을 하는 사람이 '첫 월급'에 가치를 두느냐, '80만 원'에 가치를 두느냐에 따라 아마 듣는 사람의 반응도 달라질 것이다.

부모가 자식에게 하는 좋은 성적을 압박하는 말들도 대부분 그렇다.

"의대에 가서 전문직 의사가 되어야 인생이 평탄해져"

"외고에 틀림없이 갈 수 있을 거야"

부모는 자식을 사랑해서 잘 되길 바라는 마음에서 하는 말이라고 하지만 자식 입장에서는 충분히 공부해도 부족하다는 강박증에 시달리게 되고, 기대를 만족시켜야 한다는 압박감에 스트레스에 시달린다. 말의 의도만 보아서는 부모의 애정과 신뢰의 표현이 맞다. 하지만 자녀를 내 뜻대로 길들이겠다는 억압이자 박탈감과 압박감을 자극한 잔소리에 불과하다. 이러한 말투가 반복되면 긍정적인 관계를 형성하기 어렵고 아이의 자존감은 떨어지기만 한다. 부모는 자녀의 삶을 인정하고 존중해서 이런 말을 건네보자.

"공부에 집중하는 모습이 보기 좋구나. 무엇이든 즐겁게 하는 게 좋아."

"이번 시험 결과가 안 좋더라도 다음 번에 또 기회가 오잖아. 다시 시작하면 좋은 결과가 나올테니까 너무 상심하지 마."

이처럼 오해 없이 명쾌하게 대화하기 위해선 상대를 충분히 배려해서 세심한 주의를 기울여야 한다. 상대를 염려해서 한다는 말이 오히려 상대를 비꼬는 말투가 될 수도 있고, 높은 지위에서 습관적으로 나오는 명령하는 지시의 말투가 상대의 인격을 무시할 수도 있다. 그렇기에 같은 말이라도 '어떻게' 하느냐가 중요하다.

"그렇게 생각할
수도 있군요"

부인: 정부의 이번 세금 정책이 참 좋은 것 같아요.

남편: 좋긴 뭐가 좋다는 거야. 당신 기업을 운영해봤어? 회사 입장
에서는 비용이 증가하니까 제품 가격 경쟁력이 떨어진다고
난리야.

부인: 그래도 중산층에게는 여러모로 도움이 되죠.

남편: 허튼 소리 그만해. 절대 그렇지 않아.

부부 사이의 대화다. 남편이 부인에게 세상물정을 잘 모른다고
일방적으로 매도하고 있다. 자신의 입장은 절대적으로 옳다는 생각

에서 조금도 벗어나지 않는다. 그래서 부인의 입장을 조금도 귀담아 들으려고 하지 않는다. 남편이 부인보다 가방끈이 길거나, 부인과의 나이 차이가 많을 때 이런 문제는 더 심해진다.

대화를 하다보면 내가 옳고 상대가 틀릴 수가 있듯이, 그 반대로 내가 틀리고 상대가 맞을 수도 있다. 일상적인 대화에서 설령 누군가 틀렸다고 생각되더라도 그 자리에서 상대를 무시하면서 시시비비를 가릴 필요는 없다. 다음에 별도의 자리가 마련되었을 때 편안하게 얘기하면 된다.

그런데 언쟁을 일삼기 좋아하는 사람들은 그 자리에서 시시비비를 가려야 직성이 풀린다. 이런 사람은 옳고 그른 문제를 따지기에 애매한 화제에 대해서도 무조건 자기가 옳다고 주장한다. 이렇게 상대를 무시하는 태도는 오해를 사고 나아가 관계를 파괴한다.

"논쟁에서 최선의 결과를 얻으려면 언쟁을 피하라."

이것은 데일 카네기의 '내 마음을 전하는 12가지 원칙' 중 첫 번째 원칙이다. 언쟁은 하면 할수록 서로 감정이 상하고 피곤해질 뿐이다. 다음 세 가지 방법을 잘 참고하자.

첫째, 자신의 관점을 강요하지 마라

"내가 맞아", "내 생각대로 해주세요." 이런 식의 강요는 상대를 피곤하게 만든다. 상대의 입장을 받아들이는 자세를 갖는 게 필요하다.

언쟁을 피하면서 자신의 입장을 말하려면, 이런 표현이 바람직하다.

"내 생각에는……"

"내가 보기에는……"

둘째, 상대의 관점을 비난하지 마라

"틀렸어", "알긴 뭘 안다고 그래" 이런 식으로 상대를 무안하게 하지

말자. 내 입장만 내세우기 전에 상대의 생각도 존중하는 게 어떨까?

"사람마다 입장이 다르죠."

"그렇게도 생각할 수 있군요."

셋째, 성급하게 결론짓지 마라

열 길 물속은 알아도 한 길 사람 속은 모른다는 말이 있다. 그만큼 사람의

마음을 헤아리기란 힘들다. 그런데도 미리 상대의 입장을 다 안다는 식으

로 나오면 상대는 모욕감을 느낀다. 언쟁을 피하려면, 이런 표현이 바람

직하다.

"선생님의 입장을 잘 설명해주세요."

"……이 선생님의 입장이신가 보죠?"

말실수는
즉시 사과하라

아무리 언변이 뛰어난 사람도 말실수를 한다. 문제는 어떻게 대처하느냐에 있다. 평소 대화를 할 때 말실수를 하는 건 당연하다. 순간적으로 감정이 욱해서 생각지도 않았던 말이 튀어나올 때가 있고, 말을 많이 하다가 헛나올 때가 있다. 또한 상대의 감정을 해치는 표현할 때도 있다. 이럴 때에는 곧바로 진심어린 사과를 하는 것이 가장 훌륭한 해결책이다.

무심코 내뱉은 상처주는 말은 상대의 가슴에 꽂는 비수와 같다. 내 의도와 관련 없이, 혹은 실수나 농담으로 한 말이라도 상대가 거북해하거나 불편해하는 걸 포착했다면 망설이지 말고 바로 사과해야 한다.

그런데도 선뜻 말실수에 대해 사과를 잘 하지 못하는 이유가 뭘까? 체면 때문에 자신의 잘못을 인정하기 싫어하기 때문이다. 그래서인지 우리나라 사람은 말실수에 대한 사과에 무척이나 인색하다. 나는 상처주려는 의도가 아니었다며 자존심을 내세우는 생각 때문이다. 하지만 말실수에 사과를 잘 하는 사람이야말로 대화를 주도할 자격이 있다. 《사과 솔루션On Apology》의 저자인 정신의학자, 아론 라자르Aaron Lazare는 이렇게 말했다.

"사람들은 사과를 나약함의 상징처럼 보는 경향이 있다. 하지만 사과의 행위는 담대한 힘이 필요하다."

뛰어난 연설가 버락 오바마도 말실수로 곤욕을 치른 적이 있다. 한 하버드대학교 흑인 교수가 자기 집으로 들어가는 걸 경찰이 보고 도둑으로 오인해 현장에서 체포했던 일이 있었다. 이 일이 흑인 비하 사건으로 번지면서 매스컴을 뜨겁게 달구었다. 이때 오바마는 흥분을 가라앉히지 못한 채 거친 말을 뱉어냈다.

"경찰이 멍청한 행동을 했다."

대통령으로서 적절치 못한 표현이었기 때문에, 여론의 뭇매를 맞았다. 그는 즉시 자신의 말실수를 공개적으로 인정하고 사과했다.

황금말투

자신의 말실수에 대해 대처를 잘 한 사례다. 덕분에 오바마는 자신의 언변에 흠집내기는 커녕 말을 잘하는 사람으로 국민에게 각인될 수 있었다.

말실수에 어떻게 사과하면 좋을까? 다음의 말실수에 대한 사과 요령 4단계를 참고하자.

1단계, 즉시 사과하라

사과는 타이밍이 중요하다. 미적거리다가 때를 놓치면 효과가 떨어진다. 상대의 감정이 상했다고 느껴질 때 바로 사과를 하자.

2단계, 자신의 잘못을 인정하라

사과를 하면서 변명하지 말라. 사과했으면 잘못한 점을 온전히 시인해야 한다.

3단계, 재발 방지를 약속하라

앞으로 말실수가 없을 거라고 말하면, 상대의 감정이 누그러진다.

4단계, 적절한 보상을 해라

말로만 끝내기보다 간단한 음료라도 대접하는 게 효과적이다. 정성을 들인다는 점에서 사과의 진정성이 느껴지기 때문이다.

말로 쌓은 오해,
말로 풀자

연봉정보사이트 페이오픈에서 2011년 직장인 분노를 주제로 진행한 설문조사에 따르면 인간관계에서 생기는 분노가 가장 많다. 순서대로 직장인의 분노 유발 원인을 살펴보면 이렇다.

1위 상사와의 관계(34%)

2위 업무 문제(29%)

3위 처우조건(연봉, 복지, 근무조건) 불만족(18%)

4위 동료와 후임과의 관계(13%)

5위 CEO의 리더십(3%)

6위 본인의 성격(3%)

여기에서 인간관계 때문에 분노가 발생한다는 의견이 47%나 된다. 실제로 직장인 2명 중 1명은 조직원과의 인간관계에서 분노를 느끼는 셈이다. 또한 취업포털사이트 사람인에 따르면 퇴사한 직장인의 36.1%가 인간관계의 문제 때문에 회사를 그만둔다고 한다.

그런데 이에 대한 적절한 해결책이 없다는 게 더 큰 문제다. 현실은 한국의 수직적 문화 때문에 당사자와의 대화로 해결하기가 쉽지 않다. 그래서 직장인들은 술과 담배, 운동 등 취미활동, 지인과의 대화 혹은 혼자 참으면서 해결한다고 한다. 관계의 문제를 소통으로 풀어가지 못하기에 문제는 더 커질 뿐이다.

분노를 유발하는 관계의 문제를 해결하는 데 주저하지 말아야 한다. 특히 오해로 인해 화가 치밀어 오를 때, 당사자와 그 문제를 함께 풀어나가도록 노력해야 한다. 본인이 느끼는 불만의 원인이 정확히 무엇인지 파악한 뒤 상대방에게 터놓고 대화를 나누어야 한다. 상사는 화를 노골적으로 드러내지 말고 부하직원에게 손을 내밀어야 하며, 부하직원은 화를 다른 방법으로 해소하기보다 상사에게 진솔한 대화를 위해 다가가야 한다.

다음의 '오해 해결 방안 4가지'를 참고해 회사에서의 관계를 회복

해보자.

첫째, 오해로 인해 분노가 생긴 것을 솔직하게 밝히기

분노의 감정을 진정시킨 후 대화를 시도하자. 버럭 화를 내거나 참지 말고 상대에게 대화를 요청하자. 여기에서부터 해결의 실마리가 풀린다. 이렇게 말하자.

"솔직히 아까는 화가 났었네. 할 이야기가 있는데 잠깐 시간 괜찮은가." (상사가 부하직원에게)

"납득할 수 없던 게 사실입니다. 대화를 하고 싶은데 잠시 시간 괜찮으신가요." (부하직원이 상사에게)

둘째, 오해의 원인이 무엇이며, 어떤 피해가 생기는지 파악하기

허심탄회하게 오해가 생긴 문제를 밝혀나가자. 그로 인해 생긴 피해를 서로 알고 나면 문제 해결 의지가 강해진다. 이렇게 말하자.

"어디서부터 잘못되었을까? 업무에 큰 지장이 없나?" (상사가 부하직원에게)

"오해가 생긴 이유를 알고 싶습니다. 그래야 업무 생산성에 차질이 없을 것입니다." (부하직원이 상사에게)

셋째, 이성적으로 대화할 수 있는 여건 만들고 목표를 세우기

상사와 직원의 수직 관계에서도, 오해의 문제는 수평적으로 풀어가야 한다. 상사라고 해서 부하직원과의 수평적 대화를 회피해선 안 된다. 무엇보다 상대방을 존중하는 경청의 자세가 필요하다. 이렇게 말하자.

"편하게 자네 생각을 말해보게나. 내가 오해했을 수 있지 않겠나?" (상사가 부하직원에게)

"제가 오해한 점을 알고 싶으니 편하게 말씀해 주십시오." (부하직원이 상사에게)

넷째, 오해 해결 방안 도출 및 실천 약속하기

오해가 생기게 된 원인과 그 해결책을 도출한다. 이와 함께, 앞으로 다시는 그와 같은 일이 반복되지 않도록 무엇을 실천할지를 약속하자.

"그래, 그게 문제였군. 앞으로는 그런 일이 없도록 하겠네." (상사가 부하직원에게)

"그 점을 잘 숙지해서 앞으로 조심하도록 하겠습니다." (부하직원이 상사에게)

비판과 비난은
다르다

프랭클린 루스벨트가 대통령이 되는 데에 결정적 기여를 한 보좌관 루이스 하우Louis M. Howe가 있다. 사실 루스벨트는 소마마비 진단을 받았다가 극복했고 장애를 갖고 있었으며, 게다가 불륜 때문에 이혼을 한 경험도 있었다. 더욱이 그는 가톨릭 신자였는데, 가톨릭 신자는 미국인 가운데 소수자였다. 이런 그가 어떻게 해서 대통령이 되어 위대한 업적을 낼 수 있었을까? 이는 보좌관 루이스 하우의 거침없는 직언, 곧 비판 때문에 가능했다. 보통, 부하직원은 자리보전과 직위 상승을 위해 온갖 달콤한 말로 리더의 비위를 맞추기 마련이다. 그런데 그는 달랐다.

"그건 잘못된 생각입니다."

"절대, 그렇게 해선 안 됩니다. 그것은 매우 위험천만한 일입니다."

일개 보좌관으로서는 감히 하기 힘든 비판을 서슴지 않았다. 그의 비판은 이성적이고 합리적이었다. 그는 루스벨트의 처신과 생각, 정책에 대해 조목조목 비판했다. 일어날 수 있는 모든 허점을 샅샅이 찾아내어 신랄하게 전달하면서도 루스벨트를 떠나지 않았다. 그러면서 자신의 비판을 통해 허점 많은 루스벨트를 튼튼한 정치인으로 성장하게 했다. 덕분에 루스벨트가 미국의 최초이자 최후의 4선 대통령이 될 수 있었다.

이렇듯 감정적인 비난이 아닌 합리적 비판은 사람과 조직의 발전에 크게 기여한다. 비판은 약점과 모순을 찾아내어 합리적으로 지적하며 극복할 수 있도록 보안책을 제시하는 순기능을 한다. 그래서 비판은 긍정적인 관계를 만드는 데 일조한다.

비판의 말투는 차분하면서도 이성적이다. 예를 들면 이렇다.

"자네, 이번 제안은 잘못되었네. 그 이유가 뭐냐 하면……"

"그 점은 타깃층 설정이 잘못된 것 같습니다. 다시 한 번 검토해주십시오."

"당신의 언행에 실망했어. 다시는 그렇게 하지 않았으면 좋겠어.

왜냐하면……"

비난은 비판과 다르다. 비난은 사실과 맞지 않게 감정적으로 헐뜯는 것을 뜻한다. 흔히 대선 후보 토론에서 상대편 후보의 말은 듣지 않으면서 약점을 물고 늘어지는 것은 비판이 아니라 비난이다. 이는 공격을 위한 공격일 뿐이다. 자신과 상대에게 아무런 소득이 없다.

비난의 말투는 아무런 근거도 없이 감정적으로 언성을 높인다.

"이런 걸 제안이라고 올리고 있나? 기가 차네. 도대체 대학교 졸업은 어떻게 했나?"

"구닥다리하고는 말이 통하지 않네요. 상종하기도 싫어요."

"또 그 짓이야? 가정 교육을 어떻게 받은 건지 의심스럽네"

이렇게 인신공격적이고 설득력이 떨어지는 비난은 관계를 파괴하는 폭력과 같다. 서로 성장할 수 있는 관계가 되기 위해서는 건설적인 대안을 제시하는 비판에 인색해선 안 된다. 비판이라는 쓴 약을 통해 위급한 문제를 해결할 수 있고, 또 이를 통해 관계와 조직이 발전할 수 있다.

신뢰를 쌓으려면
약속을 지켜라

　강의나 발표에서 제일 중요한 기본 중의 기본은 시간 관리이다. 나는 강의하러 대전에서 서울로, 혹은 대구나 부산에서 강릉까지 이동하기도 한다. 때문에 아무리 바빠도 강의 시간에 늦지 않기 위해 몇십 분 미리 출발하는 게 습관이 되었다. 만약, 내가 시간을 지키지 못 해 허둥지둥하면 어떻게 될까? 아무리 현란하고 유창하게 강의한다 한들 강사에 대한 신뢰감은 떨어지고 청중들은 콧방귀를 뀔 게 뻔하다. 시간 엄수는 강사와 청중 사이에 관계 맺기의 첫 단추이기 때문에 중요하다.

　이 부분이 지켜져야 강의의 콘텐츠와 강사의 역량에 따라 청중과의 관계가 진전될 수 있다. 강사가 양질의 콘텐츠를 훌륭하게 강연하면 청중은 우레와 같은 박수로 화답하며 최상의 관계가 맺어진다.

사람들과의 관계에서도 그렇다. 크고 작은 약속을 잘 지키는 사람과는 신뢰감이 쌓여 좋은 관계를 맺을 수 있지만, 그렇지 않은 사람과는 대화와 관계를 망치게 된다. 아무리 사회적 지위가 높고 대화의 기술이 좋다고 해도 지키지도 못할 약속을 남발하는 상대와는 순조롭게 대화할 수 없다.

그렇기에 상대가 누구든 만나기로 한 약속을 정했을 때는 반드시 잘 기록해서, 여유 있게 장소에 도착해야 한다. 상대방의 시간을 귀중하게 여길 줄 아는 사람이라는 인상이 신뢰 구축의 기본이다. 혹시나 약속 시간을 늦게 되거나 불가피한 사정이 생기게 된다면 미리 정중하게 양해를 구하고 다시 약속을 잡도록 해야 한다. 아무리 친한 사이라도 시간을 지키는 배려를 잊지 말아야 한다.

부부 사이에 대화가 잘 안 되는 이유도 약속 어기기가 한몫을 한다. 가령, 남편이 부인에게 금요일 오후에 함께 영화 보기로 약속했는데 회사 동료와의 회식 모임이 생겼다고 하자. 이때, 남편이 부인에게 사정을 잘 말하면 부인도 그 상황을 양해해줄 수 있다. 하지만 상황에 대한 정확한 설명과 양해를 구하는 한마디 말도 없이 약속을 취소하는 일이 잦아진다면 문제는 심각해진다. 부인은 아예 남편이 약속을 지키지 않는 사람이라는 고정 관념을 갖게 되면서 신뢰감도 잃게 된다.

남편과 대화가 안 된다고 호소하는 주부들은 한 목소리로 이렇게 말한다.

"남편이 약속 어기기를 밥 먹듯이 해요. 그런 사람과 어떻게 대화가 되겠어요?"

부부 사이의 대화 불통을 풀기 위해선 남편의 약속 지키기가 선행되어야 한다.

철학자이자 사상가인 장 자크 루소Jean-Jacques Rousseau는 "약속을 쉽게 하지 않는 사람이 약속을 가장 잘 지킨다."고 했다. 지킬 수 없는 약속을 남발하지 않되 일단 약속한 건 반드시 지키도록 하자. 그래야 상대가 자신을 양치기 소년으로 오해하지 않고, 나의 이야기를 진정성 있게 들을 것이다.

모두에게
상처는 있다

사람들에게는 저마다 상처가 있다. 남에게 쉽게 말할 수 없는 이 상처를 흔히 콤플렉스 혹은 트라우마라고 한다. 겉으로 보기에는 활달하고, 사교적인 사람이라고 해도 어김없이 콤플렉스를 가지고 있다. 유명세가 있든 없든 모두들 말 못 할 콤플렉스 때문에 한숨 쉬는 일이 적지 않을 것이다.

어떤 화제를 꺼냈을 때 상대방이 더듬으면서 얼버무리거나 화제를 자꾸 돌리려고 하거나 혹은 공격적인 반응을 보인다면? 아마도 상대가 그 부분에 콤플렉스를 갖고 있을 가능성이 크다. 그럴 때는 가능하면 그 주제를 피해서 대화해야 상대방이 편한 마음으로 대화에 응하게 된다.

그런데 어떤 이들은 상대의 콤플렉스를 일부러 건드리는 말을 하기도 한다. 부디 상대의 신경을 곤두서게 하는 부분, 가슴 아픈 상처, 차마 꺼내고 싶지 않은 부분들에 대해 선을 넘어 말하지 말자. 이렇게 되면 상대는 대화의 문은 물론 관계의 문까지 잠그고 만다.

내가 대화할 때 상대의 콤플렉스를 알아보는 데 참고하는 것은 '콤플렉스 지표의 패턴 7가지'이다. 이를 잘 숙지하여, 소중한 사람과 대화할 때는 상대의 아픈 곳을 요령껏 비켜나도록 하자. 상대의 약점보다는 장점을 보려고 노력하는 자세가 의사소통에 중요하다.

【콤플렉스 지표의 패턴 7가지】

1. 특정한 말에 대해 반응이 느려질 때

예를 들어 '체중'이라는 말에 "아, 음, 그렇구나"라는 식으로 대답이 느리게 나온다.

2. 앵무새처럼 따라할 때

"임신 말이지. 임신은"과 같이 되풀이해서 대답한다.

3. 엉뚱한 대답을 할 때

"체중이라면 다이어트겠지"라는 식으로 엉뚱하게 대답한다.

4. 쓴웃음을 지을 때

순간적으로 말이 사라지며 어색하게 웃는다.

5. 이야기를 농담으로 돌리거나 급하게 화제를 바꿀 때

"근데 말이야, 오늘 신문 보니까 아이돌 스타……"라는 식으로 급작스

럽게 다른 화제를 꺼낸다.

6. 안 들리는 척하거나 안절부절 못 할 때

어쩔 줄 모르기 때문에 멍해지면서 몸에 긴장이 온다.

7. 어떤 말을 하기 전 침묵이 있을 때

말을 꺼내기 전 마음을 다잡기 위해 숨고르기를 한다.

적을 친구로
만들고 싶다면

미국의 정치가 벤저민 프랭클린Benjamin Franklin이 펜실베니아 주의원이던 때였다. 그에게는 껄끄러운 정적 국회의원이 있었다. 그는 프랭클린에 적을 두어 당황스럽게 만들곤 했다. 그래서 프랭클린은 관계를 개선하기 위해 묘안을 생각해냈다.

'그렇지, 그가 희귀한 책을 갖고 있다고 하니 그걸 빌려달라고 부탁해보자.'

곧장, 정적 국회의원에게 그 책을 꼭 빌려 보고 싶다는 뜻을 적은 쪽지를 보냈다. 정적은 예의 굳은 표정이었다. 그런데 이게 웬걸, 정적 국회의원이 그의 부탁에 관심을 가졌다. 표정이 한결 누그러진

채로 이렇게 말했다.

"다른 곳에서 쉽게 구할 수 없는 책이죠. 그 책이 꼭 보고 싶다면 빌려드리죠."

이 일이 있은 후, 둘의 관계가 180도 달라졌다. 국회의사당에서 벤저민 프랭클린을 마주친 정적 국회의원이 먼저 말을 걸어왔다. 게다가 정적 국회의원은 프랭클린을 여러 모임에 초청했고, 사람들에게 프랭클린을 좋은 사람이라고 소개해주기도 하며 두 사람은 좋은 관계로 바뀌었다.

이처럼 좋지 않은 관계에서 도움을 준 사람이 도움을 요청한 사람에게 호감을 갖는 현상을 '벤저민 프랭클린 효과Benjamin Franklin Effect'라고 한다. 벤저민 프랭클린은 이렇게 말했다.

"적이 당신을 한 번 돕게 되면, 더욱 당신을 돕고 싶어 하게 된다. Enemies who do you one favor will want to do more."

과연, '벤저민 프랭클린 효과'에 어떤 과학적 근거가 있는 걸까? 이는 심리학의 '인지적 부조화 이론'으로 설명할 수 있다. 사람들은 어떤 사실 사이에 일관성을 유지하려는 욕구가 있지만 비일관성을 인지할 때 긴장을 느끼고, 자신의 태도를 바꿔 해소하려 한다는 이론이다.

정적 국회의원은 프랭클린을 싫어하는데 정작 그에게 책을 빌려주는 호의를 베풀면서, 심리와 행동 사이에 불일치 현상이 생겼다.

'왜 이런 행동을 하고 말았지? 생각과 행동이 따로 놀다니 이를 어쩌나?' 이때 자신에게 부탁한 프랭클린이 좋은 사람이라고 생각을 바꾸면 불안감이 해소된다. 이렇게 생각만 바꾸면 호의를 배푼 행동과 일관성이 생기면서 갈등은 사라진다.

또한 행동 심리학자인 존 제커John Jecker와 데이비드 랜디David Landy의 실험도 이를 잘 입증해준다. 다른 사람을 위해 호의를 베풀 때 그 대상에 대한 인식도 호의적으로 바뀐다는 것이다. 실험 참가자에게 실험을 하는 데 모자란 돈을 빌려달라고 한 조교와 실험 참가자에게 돈을 빌리지 않은 조교가 있었다. 그들 중에 누가 더 실험 참가자에게 호감을 얻었을까? 결과는 돈을 빌려달라고 부탁한 조교였다.

관계가 완벽히 틀어진 상대가 있다면? 단 한마디도 꺼내기 힘든 최악의 상대가 있다면? 호의를 베풀고자 하는 심리를 이용하자. 아무리 돼먹지 않은 사람이라도 누군가에게 호의를 베풀어 자신이 인품 있는 사람이라고 인정받기를 원한다. 따라서 관계가 좋지 않은 사람에게 절실하게 부탁한다면, 둘의 관계는 몰라보게 달라질 것이다.

Yes or No보다
A or B

자주 가는 한식집이 있다. 이곳은 맛이 뛰어났기 때문에 한 달 매출이 2천만 원을 훌쩍 넘는 식당이었다. 그런데 가만 보니, 직원의 대화법 역시 매출을 올리는 데 한몫을 톡톡히 하고 있었다. 손님에게 건네는 직원들의 대화에는 특별한 게 있었다. 상황을 재연하면 이런 식이다.

직원: 비빔밥을 드시겠습니까? 아니면 냉면을 드시겠습니까? 오늘은 이 두 메뉴가 특별메뉴입니다.
손님: 글쎄요. 날씨가 더우니까 냉면이 좋기는 하겠는데요.

직원: 이 냉면은 평양냉면의 맛을 그대로 재현했습니다. 한번 맛
본 분들은 다른 냉면은 먹지 못하겠다고 할 정도랍니다. 땀
을 많이 흘리실 때 드시면 좋습니다.

손님: 그럼 냉면을 먹어볼까요?

직원 : 네, 그럼 냉면을 준비해드리겠습니다.

이렇듯 직원은 'A or B'라고 말하면서 양자택일을 요구하는 화법
을 구사했다. 이는 다른 식당에서 찾아보기 힘든 화법이었다. 보통
의 식당에서는 "어떤 메뉴를 주문하시겠습니까?"라며 주문을 받는
다. 그러면 메뉴 선택의 폭이 넓어지면서, 자연스럽게 저렴한 음식
을 주문할 때가 많아진다.

단골 한식집은 달랐다. 이곳은 매주 평소의 메뉴보다 가격을 20%
올린 특별 메뉴를 선보였다. 한식집은 특별 메뉴 두 개를 추천하여
둘 중 하나를 선택하도록 유도했다. 그러면 고객은 양자선택을 할
가능성이 크다. 이렇게 해서 그 한식집은 가격이 높은 메뉴를 잘 팔
수 있었다.

어떻게 해서 이런 일이 가능할까? 이는 상대를 자신이 원하는 방
향으로 유도할 때, 상대가 스스로 원해서 결정했다고 여기게 하는
암시효과 때문이다. 앞서 설명한 한식당의 경우, 손님은 직원으로부
터 강요받는 느낌을 갖지 않은 채 자신이 의사대로 메뉴를 결정했

다는 착각에 빠진다. 이렇듯 '양자선택 화법'은 마음의 결정을 내리지 못한 상대를 공략하는 좋은 방법이다.

이제 막 사귀기 시작한 연인 관계에서도 양자선택 화법은 효과적이다. 남자가 여성에게 주말에 데이트를 신청하고 싶다고 하자. 이때 "주말에 데이트할래?"라는 말은 좋지 않다. 이는 'Yes or No'를 묻는 화법으로 여성에게 'No'를 할 여지를 주기 때문이다. 이 대신에 다음처럼 'A or B' 화법을 쓰는 게 좋다.

"월요일에 데이트할래? 주말에 데이트할래?"
"주말에 영화 볼까? 아니면 놀이공원 갈래?"

영업 업무를 하는 사람들도 마찬가지다. 고객에게 "사실래요?"라는 말로 'Yes or No'를 묻는 것보다 특정 상품 두 가지를 지정해 둘 중 하나를 선택하라고 하면 상황이 달라진다. 고객은 심리적 암시에 빠진 채 스스로 선택한다고 생각하고 둘 중 하나를 구매할 확률이 높다. 따라서 이런 화법을 구사하자.

"A가 좋으세요? B가 좋으세요? 고객님에게 특별히 추천해드리는 상품입니다."

미끼 대화법과
무리한 부탁 대화법

보험왕 K는 영업 수완이 탁월했다. K는 모 특강에서 남다른 영업 대화 비법을 소개했다. 보험 계약이라는 목표를 이루기 위해서는 특별한 설득 노하우가 필요하다며 이렇게 말했다.

"사람의 심리를 이용하는 겁니다. 처음부터 설득하면 효과가 떨어집니다. 때문에 설득의 목표를 달성하기 위해서는 두 가지 방법이 필요하죠. 첫 번째는 저렴한 상품을 보여준 후 관심을 끈 후 팔려고 하는 상품을 추천해드리는 방법입니다. 두 번째는 비싼 상품을 보여주며 거절을 유도한 후 조금 더 저렴한 가격대의 상품을 추천하는 방법입니다. 이 두 가지로 요지부동인 고객의 마음을 흔들어

놓아야 원하는 목표를 이룰 수 있어요."

영업에서 자주 이용하는 방법이었다. 그는 두 가지를 번갈아가면서 사용했다. 그가 사용한 첫 번째 방법은 흔히 '문간에 발 들여놓기'라는 기법이다. 이는 '미끼 기법'이라고도 한다. 캘리포니아의 한 잡지사가 주부 대상으로 남편의 살림살이에 대한 설문 조사를 시도했다. 잡지사에서는 주부가 세심하게 그런 설문 조사에까지 응하지 않을 거라고 예상했다. 그래서 묘안을 생각해냈다. 본격적인 설문 조사에 앞서 자잘한 작은 설문 조사를 미리 실시하는 방법이었다. 그러자 그 설문조사에 주부 상당수가 관심을 갖고 자연스럽게 남편의 살림살이 설문 조사에 응했다.

그가 사용한 두 번째 방법은 '머리부터 들여놓기' 기법이다. 이는 상대방의 거절한 데 대한 미안함을 이용하는 것이다. 한 상담자가 대학생들에게 비행 청소년을 데리고 동물원 나들이를 가라고 부탁하고자 했다. 일주일 중에 반나절을 시간 내서 그 일을 하는 게 목표였다. 이때 이 목표 달성을 위해, 먼저 더 큰 부탁을 요청했다. "최소 2년간 1주일에 2시간씩 그 일을 맡아 달라" 그러자 대부분의 학생들이 거절했다. 이때 "일주일 중에 하루 반나절 동안만 그 일을 맡아달라"로 바꾸어 부탁하자, 상당수 학생이 부탁에 응했다.

이 두 가지 기법은 일상에서 누군가를 원하는 대로 설득하고자 할 때 효과적이다. 순서만 바꾸어도 그 설득 효과가 매우 높다. 다음의 어린 아이와 엄마 사이 대화를 예로 보자.

미끼 대화법

"엄마, ○○의 헤드밴드를 갖고 싶어요."

이렇게 하면 엄마는 그 정도는 당장 사주겠다며 함께 매장에 간다. 그런데 막상 가보니, 그 헤드밴드는 운동화를 살 때 공짜로 주는 이벤트 상품이었다. 그래서 별도로 팔지 않는 제품이었다. 그러면 하는 수 없이, 엄마는 운동화를 사줄 수밖에 없다.

무리한 부탁 대화법

"엄마, 이 운동화 봐요. 멋지긴 한데 많이 비싸네요."

이렇게 원하는 것보다 비싼 가격의 운동화를 엄마에게 보여준다. 그러면 엄마는 그걸 사주지 못한 데 대한 미안함을 갖는다. 이때 그것보다 가격이 낮은 다른 운동화를 보여주면 엄마가 부탁을 들어줄 가능성이 크다.

마음을 합하는 말로
행복한 관계를

지구에서 뛰어난 능력을 가진 두 영웅이 서로 옥신각신 다툰다. 상대방이 굴복하기 전에는 절대 싸움을 멈추지 않는다. 그런데 외계에서 새로운 생명체가 지구 위로 나타난다. 이 외계 생명체의 능력은 상상을 초월했다. 바로, 그 순간 둘은 언제 그랬냐는 듯이 서로 힘을 모아 싸우는 관계로 변한다. 할리우드 영화에서 종종 나오는 스토리이다. 너 죽고 나 죽자 하는 둘 사이가 왜 하루아침에 바뀌게 되었을까? 그건 '공공의 적'이 나타났기 때문이다. 둘의 생명을 위협하는 공공의 적이 나타났기에 둘은 협력해서 적과 싸우게 되었다.

과연, 이게 설득력이 있을지 의문을 가질 수도 있을 것이다. 그렇다면 미국의 심리학자 무자퍼 셰리프의 '무인도의 법칙'을 살펴보자. 그는 주립공원에서 여름 캠프를 꾸려서 연구했다. 두 집단을 만들고 각 집단에 이름을 지어줬다. 끊임없이 경쟁이 이어지도록 상황을 만들고 승리한 집단에 보상을 주자, 경쟁은 더욱 극심해졌다. 그런데 새로운 변수가 생겼다. 음식을 사러 간 캠프의 트럭이 구덩이에 빠지고 말았다. 그러자 두 집단은 일말의 망설임도 없이 협력해 트럭을 끌어내었다. 이는 마치 무인도에 표류한 사람들처럼 생존의 목표를 위해서 갈등 집단과 협력한 셈이다.

이렇듯 적대 관계나 갈등 관계인 상대와의 협력을 이끌어내는 데 효과적인 공동의 목표를 설정하는 것은 직장에서도 활용하기 좋다. 역량이 뛰어난 직원 둘이 심한 경쟁을 하는 탓에 사이가 좋지 않다고 예를 들어보자. 그러면 직장 상사는 공동의 목표를 내세워서 둘 사이를 우호적으로 만들 수 있다. 가령 이렇게 말할 수 있다.

"여보게, 둘이 그렇게 신경전을 벌일 때가 아니야. 지금 회사가 풍전등화의 상태라네. A프로젝트를 잘 성사시키기 위해 두 사람이 힘을 합쳐야 할 때일세."

부부 사이에서도 그렇다. 남편이 실직해 집안에 머무는 시간이 많아지면서 다투는 일도 많아질 때, 남편이 아내에게 이런 말을 한다면?

"여보, 부부싸움이 심하면 자녀 교육에 그렇게 안 좋다고 하네. 내 친구 아들이 얼마 전에 무단가출을 했다가 겨우 찾아냈어. 알고 보니까, 그 아들이 부모가 심하게 다퉈서 집에 있고 싶지 않았다는 거야. 그러니까 자녀의 미래를 위해서 말이지…….."

이렇게 말하면, 어느 엄마가 가슴 철렁하지 않겠는가?

"해주세요"보다는
"지켜볼게요"

"아들이 공부하라고 하면 자꾸 잔소리한다고 푸념이네요."

"매출 증대를 위해 아무리 복지를 좋게 하고 연봉을 높여줘도 생산성이 제자리입니다."

앞의 말을 한 사람은 주부이고, 뒤의 말을 한 사람은 회사 대표다. 얼핏 주부만 대화법 전문가를 필요로 할 것이고, 회사 대표에게는 경영 컨설팅이 필요하다고 생각할 수 있다. 하지만 꼭 그렇지 않다. 둘 다 사람을 상대로 '생산성'에 대한 고민한다는 점에서 대화법 전문가의 지혜가 필요하다.

주부는 아들이 더 열심히 공부해서 성적이 향상되길 바라고 있고, 회사 대표는 직원들이 열심히 일해서 매출을 높여주길 바라고 있다. 그런데 보다시피, 주부의 요구는 아들에게 잔소리로 들리기 때문에 아들의 기분을 상하게 할 뿐이다. 회사 대표의 요구 또한 마찬가지다. 직원들에게 좋은 복지에서 높은 연봉을 주면 순간적으로 생산성이 높아질 뿐 금세 제자리로 돌아온다.

여기서 반문이 나올지 모르겠다. 주부의 요구는 그렇다 해도, 회사 대표의 요구가 마음대로 안 되는 건 지나친 비약이 아니냐고 말이다. 그러니까 직원들에게 좋은 복지 환경을 조성해주고, 좋은 사옥으로 옮겨 사무실 환경을 높이고, 급여를 높여주면 자연스럽게 생산성도 높아지는 게 당연하지 않느냐고 반문할지 모르겠다. 하지만 사람은 물질적 이득을 넘어서 자부심과 신뢰감, 자존감을 키워주는 소통을 통해 마음이 움직인다.

1924년, 하버드 대학의 엘튼 메이요Elton Mayo 교수에게 웨스턴 일렉트릭Western Electric 전기회사 대표가 자문을 구했다.

"공장 조명을 밝게 바꾸었으면 생산성이 높아져야 하는 게 아닙니까? 그런데 잠깐 생산성이 올랐다가 원래대로 돌아가 버립니다. 대체, 어떻게 해야 높은 생산성을 지속적으로 유지할 수 있을까요?"

이에 엘튼 메이요 교수는 호손 공장에서 연구를 진행했다. 이때 이상한 일이 벌어졌다. 작업장을 밝게 한 곳이나 어둡게 한 곳이나 동일하게 생산성이 올라갔다. 또한 모든 작업장을 어둡게 해도 높은 생산성이 유지되었다. 그 이유는 노동자와의 인터뷰에서 밝혀졌다.

"우리는 유명 대학 교수가 공장에서 실험을 하고 있다는 걸 알고 있어요. 유명 교수가 내가 일하는 모습을 지켜보고 있다고 생각하니 기분이 좋아졌어요. 그래서 좋은 결과를 내기 위해 작업 환경에 상관없이 열심히 일했지요."

이렇게 해서 누군가 자신을 관찰하고 있을 때 의도적으로 행동을 개선하거나 일의 생산성이 높아진다는 '호손 효과Hawthorne effect'가 정립되었다. 이는 물질적 작업 조건보다 심리적 조건이 더 영향을 미친다는 뜻이기도 하다.

이 효과는 비단 기업에만 적용되는 게 아니라 가정, 연인 관계, 친목 관계 등 모든 인간관계에서 적용된다. 아무리 환경을 좋게 해주면서 독려해도 잠깐뿐, 자부심과 긍정적인 신뢰감을 높여주는 말이 더 중요하다는 것을 명심하라!

참고 문헌

니시야마 아키히코, 《비즈니스맨의 10가지 성공 전략》, 유인경 옮김, 위즈덤피플, 2006.

가나이 히데유키, 《대화가 막힘없이 이어지는 33가지 포인트》, 은영미 옮김, 나라원, 2010.

요시다 히사노리, 《내가 입만 열면 왜 어색해질까?》, 오화영 옮김, 지식여행, 2016.

더글러스 스톤 외, 《대화의 심리학》, 김영신 옮김, 21세기북스, 2003.

이진희, 송원섭, 《떨지 않고 말 잘하는 법》, 심플라이프, 2016.

니콜라스 부스먼, 《첫눈에 신뢰를 얻는 사람은 무엇이 다른가》, 신현정 옮김, 갈매나무, 2012.

시부야 쇼조, 《상대의 마음을 사로잡는 대화 심리학》, 최선임 옮김, 지식여행, 2014.

시부야 쇼조, 《호감도 200% UP시키는 경청 기술》, 채숙양 옮김, 지식여행, 2009.

나이토 요시히토, 《말투 하나 바꿨을 뿐인데》, 김한나 옮김, 유노북스, 2017.

마츠하시 요시노리, 《대화의 심리학》, 김선숙 옮김, 성안당, 2017.

노구치 사토시, 《누구와도 15분이상 대화가 끊이지않는 66가지 Point》, 윤성규 옮김, 지식여행, 2011.

카나이 히데유키, 《남 앞에서 떨지 않고 말하게 해주는 책》, 최현숙 옮김, 국일미디어, 2002.

사이토 이사무, 《마음을 사로잡는 심리 화술》, 이유영 옮김, 시아출판사, 2006.

마츠모토 유키오, 《7일만에 말을 잘하게 되는 책》, 은영미 옮김, 나라원, 2012.

석세스라이프, 《3분 안에 상대를 내 뜻대로 움직이는 설득기술》, 나라원, 2012.

돈 가버, 《대화의 기술 1,2,3》, 김상영 옮김, 폴라리스, 2007.

오수향, 《1등의 대화습관》, 책들의정원, 2016.

래리 킹, 《대화의 신》, 강서일 옮김, 위즈덤하우스, 2015.